古典不要論への反撃!? 書評劇場

上野誠
UENO Makoto

笠間書院

目次

はじめに

I 書物の劇場

1 時代と人間

2 人間と文学

3 文学と文化

4　文化と時代

Ⅱ 古典教師の煩悶

はじめに

書名「古典不要論への反撃!?」の由来

とある年の五月のこと、快調に進んでいる国文学科の古典文学論の授業中に、一つのハプニングがあった。いや、ハプニングなどとは、いってはならないことだが――。突然、手を挙げた男子学生が、現代社会において、古典を学ぶ必要性など、自分には感じられないけれど、先生の口から、なぜ古典を学ぶ必要があるのか説明してほしい、というのだ。さらには、古典など読んでも役になど立たないだろう、というのだ。

こういう質問を受けると、古典教師はまず戸惑ってしまう。次に、一種の嫌悪感を抱いてしまう。それは、限りなく憎しみの感情に近い。数秒の沈黙のなかにも、困惑と嫌悪の想いが、高速回転するコマのように回っていた。「こんな時に、よりによって、なんたることを言ってくれるのか」という思いで、学生の質問を聞いていたのである。

学生たちの多くは、一応、国語が好きだということで、国文学科に入学しているわけだし、一年生と二年生を対象としている授業だから、とにかく、日本の古典文学に触れてみたいという学生ばかりだ。当然、教室の雰囲気は、凍りついた。あるいは、大多数の学生たちは、私の困惑と嫌悪の表情を瞬時に読み取ったのかもしれない（読み取ってくれたのかもしれない）。

こんな時、教師はどう対処するかといえば、まず心奥にあるものをすべて覆い隠してしまう。そして、つくり笑顔をする。その笑顔も、さも興味深そうに、よい質問をしてくれたという感情を前面に出すのが、人並みの教師としてなすべき対応である。私は、慌てずに、にこやかに、こう言った。

根本的な質問を、よくしてくれました。果たして、古典を読むことが、現代を生きる私たちの生活に、いかに役立つか、ということですね。それは、古典の教師をしている私にも、たいそう難しい問題です。私もいまだ結論が出せていません。役立つか、役立たないか、わからないけれど、それは読んでみて決まる問題でしょうから、ここはまず、この授業で、古典作品を読み解くことを学んではどうでしょうか。

もちろん、教室内においては教師と学生には、一定の力学が働く。教師の側が、こういった丁寧な対応をした場合、学生の側が折れるという暗黙のルールがあるのだ。このケースも教師と質問者間で、このルールが適用されることを暗々裏に確認したので、その後、何もなかったかのように、淡々と講義が進められ、今日に至っている。

私は、日本の古典教師が、このような場合取るであろう典型的な回答をした、と思う。もっとも、違った対応も、あったかもしれない。「熱血教師」のように振る舞い、

　今、○○君から、大切な問題提起がありました。本日の授業は次回に回すことにして、今日はクラス討論会にしましょう。これは、この授業に関わる根本的問題です。

と言って、緊急討論会をするという手もあったはずだ。私が、この方法を採用しなかったのは、ひとえに面倒臭く、討論会を盛り上げる自信もなかったからである。もう一つ、別の態度で接する方法も、あったやに思う。「無頼派教師」を気取るのである。

　おめぇらなぁー。古典なんて読んでも、何の役にも立たねぇぞ。第一、それが、屁のつっぱりでも……なるか。ならねぇだろうよ。でもなぁ、この世の中は、用のあるもんだけでできているわけじゃない——。無用の用というものもある。かの芭蕉先生は、「夏《か》炉《ろ》冬《とう》扇《せん》」といっている。夏の炉に、冬の扇は、いらないものの代表だ。古典というもんが、何かの役に立つと考えること自体が、間違いのもとだわなぁ。

こう答えてもよかったが、私はこういう答え方もしなかった。アイロニカルでかっこよ

く、それでいて古典論の蘊蓄《うんちく》を語ることができるけれど、私は、この答えも採用しない。いや、したくない。なぜなら、「古典を読んで、いったい何の役に立つのですか」という問いには、説得力ある答えになっていない、と考えるからだ。古典文学に用や益などないと答えておきながら、以後古典の授業をするわけだから、矛盾することになる。と同時に、無頼派を気取りつつ、古典の授業をして、給与を貰《もら》うわけで、そういう態度が、大学卒業後の就職さえも覚束ない学生たちに、果たして誠実な態度といえるのか？　したがって、私は、無頼派気取りもしたくないのだ。

そうすると、結局は課題を先送りにして、先送りにしているうちに、教師も学生も忘却するという方法が、消去法ながらいちばんよい「やり過ごし」方となるのである。はぐらかして時間稼ぎをして……忘れる。教師も学生も、蒸し返さない方が、利益になると考え、忘れたふりを互いにしあうのである。

古典を愛する人びととの存在

ここまでの話は、いわば学校内における「古典学習の掟」についての話である。一方、この日本には、多くの古典読者がいることも事実である。時には、千人を超える人びとがホールを埋め尽くす古典学者の講演会もある。カルチャー・センターでは、どうだろう。

西洋、東洋、日本という括《くく》りを外せば、その全講座の三分の二以上は、古典講座ではなかろうか。ラジオや、テレビでの古典教室も、健在だ。多くの人びとが、古典を糧に生きているのだ。この人たちは、よい本、よい古典教師との出逢いによって、古典を学んでいる人たちなのである。時間とお金を使って、古典を読みたい、古典について知りたい、という欲求を満たす人びとである(私も広くいえば、その一人だし、私自身の大切な顧客である)。では、この人たちは、何のために古典を読んでいるのだろうか。次の二つのためだろう。「好きだから、楽しい」と「楽しいから、好きだ」の二つである。それは、二つにして、一つだ。

したがって、かくなる愛好者に対して、何で古典を読むのですか、と聞いた場合、返ってくる答えは決まっている。「好きだから」「楽しいから」である。ここでは、役に立つか、役に立たないか、ということが問われることは……ない。

「生命維持のためには、栄養摂取が必要か、否か」という問いがあるとしよう。答えは、もちろん「必要だ」となる。対して、「焼き肉と寿司と中華のうち、あなたはどれが好きか」という問いがあるとしよう。ここでは、そのなかに好きなものがあれば、その一つを答えればよいし、なければ「ない」と答えればよい。答えは、個々人の趣味か、気分によって決まるのである。やはり、古典は役に立つのか、という問いに、私は、充分に答えられていないようだ。

ここで、話を冒頭に戻そう。学生の問いは、「古典を読むということは、何かの役に立つのか」という質問であった。残念なことに、われわれ古典教師も、明確に「ある」と答えられないでいる。では、こういう状況において、古典教師が取るべき戦略は、いかなるものであろうか。古典教師は「古典を読めば、何かの役に立つか」という問いを巧みにかわしつつ（忘れさせ）、「古典のおもしろさ」と「古典を読むことの楽しさ」を最大限、伝えてゆくという戦略を取るべきだ。「まぁ、食べてみてくださいよ。この料理は、おいしいのですから」と勧め、ファン層を拡大してゆくべきである。焼肉屋さんが、焼肉のおいしさを宣伝し、お寿司屋さんがお寿司のおいしさを宣伝するように。

では、お前はどう考えるのか

では、お前は、いったい古典の教師として「古典を読むことは何の役に立つのか」という問いに、何と答えるのか、と問われたら、何と答えよう。少なくとも、私はこの三十年間というもの、『万葉集』を講じることで、禄を食《は》んできた。どんなに拙《つたな》い答えであっても、回答案を用意する義務があるはずだ。

私は、古典を読むことは、過去と対話することであって、古典との対話なしに、生きることへの思索を深めることは難しいのではないか、と答えることにしている。寿命をいかに延ばすかという命題を解くためには、ひたすら医科学的考察に基づいて技術を磨けばよい。見解の相違はあったとしても、議論の方向性は同じになるはずだ。

ところがだ。「いかに生きるか」という命題となると、自分で考えるしかない。経験に学ぶ、人に聞くという方法もあるが、そういう知恵にあたるものを考える場合、古典なしては不可能だと考えるのが、私の立場である。いや、古典など読まなくても、多くの教訓本や人生本があるからよい、という人もいるかもしれない。しかし、そういう教訓本、人生本も、古典から学んだ知恵に、その源泉があるのだ。

ここからは、内緒の話だが……。どうだろう、私が読んだのは日本の古典全集の十分の一くらいか。中国の古典全集になると百分の一かもしれない。西洋やイスラム圏、インド圏となると、その読書量はゼロに等しい。

ところがである。私の使用している言語や思考方法のなかに、古典に由来するものは無数にあり、自分の読んだ古典とともに、私の思考を支えている。なぜならば、それは、言語も思考も歴史的存在だからだ。ならば、「いかに生きるか」を問うために、少なくとも古典に学び続けようとする姿勢だけは保つべきではないのか？

人生のなかで、酒を飲むことを悦楽の第一と考え、その悦楽に浸ることこそ、生きる悦びなのだ、と説く歌がある。

生ける者《ひと》
遂《つひ》には死ぬる
ものにあれば
この世にある間《ま》は
楽しくをあらな

（大伴旅人、『万葉集』巻三の三四九）

まぁ、はじけた釈義を作成してみると、

生きとし生ける者は――
ついには死を迎える
ならば、この世にいる間は……
楽しく生きなきゃー、ソン！

（拙訳）

となろうか。この楽しみを酒を飲む楽しみだけでなく、人生を楽しむことに置き換えて解釈すると、死というものが不可避である以上、生ある今を楽しむべきだという考え方にゆきつく。これは、一種の享楽主義である。私はこの歌を読むと、必ず阿波踊りの「踊るあほうに見るあほう、同じあほなら踊らにゃ、ソンソン」という言葉を思い出す。今、生あることに感謝し、それを楽しめという教えである。それも、一つの考え方だろう。生きるということについての。つまり、八世紀の人間の歌が、生きる指針を示していることもあるのだ。私のごとき者に、高邁《こうまい》な人生訓など似つかわしくもないけれど……どうせ学問をやるなら楽しく、どうせ生きるなら楽しくという生き方は、この歌の示す信条と近い、と思う。

現代といえども、過去と無縁に存在するものではない。また、今と無縁の未来も存在しない。そして、生活のなかにある知恵にも、古典に由来するものが多数ある（いわば、古典遺産）。世界とは、そのようにうまくできているのだ。だから、文字情報化された過去（＝古典）から、直接「今、いかに生きるべきか」ということを、われわれは学ぶことができるのである。今、自分が生きている言語世界や思考の世界が、過去から継承された遺産の上に成り立っていることを、忘れてはならない。だとすれば、われわれが成すべきことは、二つしかない。一つは、古典に学ぶことと、もう一つは未来の古典になるような文章を作ったり、読んだりすることである。私は、それ以外に、生きることの深みを知る方法などないと豪語することにしている。

ただ、以上の答えも、冒頭の問いには、不完全なものでしかない（しかも、我田引水、牽強付会）。それは、「古典を読むと役立つこともあるので、読んだ方がよいよ」とはいえるが、「役に立つ」とは、口が裂けても断言できないからだ。これでも、ダメかぁ。もう一つ、粘ってみるか？

ハンナ・アーレント

　ハンナ・アーレント（一九〇六―一九七五）という哲学者がいる。彼女は、ヨーロッパの哲学に立脚して、現代に生きることの意味を問いかけ続けた哲学者である。複数の友人の勧めで、矢野久美子『ハンナ・アーレント――「戦争の世紀」を生きた政治哲学者』（中央公論新社、二〇一四年）を読み、比較的読み易いアーレントの著作『人間の条件』（志水速雄訳、筑摩書房、一九九四年）を読んで、映画「ハンナ・アーレント」も見ることができた。ユダヤ人として生きるか、ドイツ人として生きるか、アメリカの哲学教師として生きるか、ホロコーストを生き延びた哲学者は、煩悶しながら生きてゆく。彼女を一躍有名にしたのは、イエルサレムにおけるアイヒマン裁判の傍聴記であった。逃亡、亡命していたナチスの指導者が、イスラエル政府によって裁かれた裁判の傍聴記である。彼女は、戦争の犯罪を個人の狂気や悪徳のゆえと裁くのは簡単だが、それではなぜ、あのようなホロコーストが起きてしまったのかということを問うことにはならない。組織的犯罪が、思考停止や凡庸さから起きてしまった事実を直視しないと、裁いた側が思考停止してしまうのではないか、と説いた。ものごとを善と決めつけることの思考停止、ものごとを悪と決めつけることの思考停止、それが未来の全体主義の台頭や戦争犯罪の種となる、と考えたのである。被害者と加害者、裁く側と裁かれる側を二項対立的に考えてしまうと、見えなくなってしまうものがあるぞ、とアーレントは警告する。さらに、アーレントは、反問する。加害者が被害者となったり、被害者が加害者になったりすることもあるのではないか、と。

私は、そこで日本語訳されたいくつかのアーレントの文献を取り寄せてみた。すると、このアーレントの思考が、ギリシア哲学以来のヨーロッパの哲学的思考の伝統の上に立って、練り上げられ、鍛え上げられていったものであることがわかった。その師であるハイデッカー（一八八九―一九七六）やヤスパース（一八八三―一九六九）から、西洋古典の解釈の技術をしっかり学び、思考することの大切さを、若き日に学んでいるのである。一方、彼女が生きた時代、彼女を育てた家族や地域の環境が思考に影響を与えていることはいうまでもない。そういった環境や文化のなかで、今、自分が何をどのように考えるべきであるかということを考え抜いてこそ、本質を見抜くほんものの思考がなされるのである（ほんものは、常に深みのあるものだ）。私は、翻訳されたいくつかの文献を読み、これは西洋の古典を読まないかぎり、正確には理解し得るものではない、と思った（と同時に、私の学力では、ムリだろうということを悟った。でも、いくつか邦訳を買ったのも事実だ）。

では、今、なぜアーレントに注目が集まっているのか。それは、国家と個人の関係や、戦争と戦争犯罪に関する諸問題が、冷戦終結後、急浮上してきたからである。まさに現代の難問である。すると、そうかぁ、アーレントのような考え方もあったのだなぁ、と多くの人が思いはじめたのである。つまり、こうして、人びとは思考するための手掛かりを得ているのである。でも、それ以上のことを考えてゆくためには、アーレントの考え方の背景にある、西洋古典を学ぶ必要が出てくる。

ただ、かくのごとくに思いを巡らし、考えてみても、「役に立つこともあるから、読んだ方がいいよ」という不充分な結論から、先に進むことは出来ないのだが――。はて、困った。

好機到来

現代人は忙しく、じっくり古典を読む時間なんてない、という人もいるだろう。それに、紙媒体で知恵を仕入れるのは、もう過去のことだと考えている人も多いかもしれない。ネット情報は、無限だから、個別の知識など蓄える必要はなくなった、という考え方もある。事実、出版産業は、衰退期に入ってしまったではないか。しかし、私は、今ほど読書する環境が整った時代はないと思っている。アーレントの友人にして、アイヒマン裁判に対する見解を異にした人物に、ハンス・ヨナス（一九〇三―一九九三）という哲学者がいる。二人は、激しく論争するのだが、私は、アーレントの本を読んでいて、この人は、いったいどんな人なのか、と気になった。その著作が手に入るのか、日本語訳はあるのだろうか、と気になった。そういう情報が、今はネットを通じて瞬時に手に入るのである。古典の読書についても、しかりである。古典に出て来る地名を入力すれば、たちどころに写真や動画で見ることができる。また、どこの図書館にゆけば、その文献を見ることができるかもわかるし、どのような手続きをすれば、見たり借りたりすることができるかも、すぐにわかるのだ。また、自分が読んだ本と同じ本を読んだ人と、メールのやりとりをすることだって可能だ。

むしろ、私は日本の読書環境は、この十年で大幅に充実したと思っている。今や、読書と思索は、思いのままなのだ。好機到来ではないか。

副題「書評劇場」の由来

ならば、この本はどんな本なのか。本書は、著者がこの二年間、読売新聞紙上に書いてきた書評集である。

私は、書評といえども、一つの完結した世界を持った作品と考えている。書評も一つのエッセイとして書いた。どこをどう掬《すく》い上げ、どう論じるのか、悪戦苦闘した二年間であった。一方、それは、本を読んでの私の思考の軌跡でもある。それらの書評に、脚注を施すことによって、私は一つの読書案内にならないか、と思いついたのである。ちなみに、私の主たる担当は、古典と歴史であった。私は、私なりにではあるが、新聞に書評を書くことによって、その考えを深めてきた。それを、

Ⅰ 書物の劇場
1 時代と人間
2 人間と文学
3 文学と文化
4 文化と時代

に分類して示すことにした。そして、脚注を施したのだが、脚注は、客観的な情報ではなく、こぼれ話風に書き、以て読書への誘《いざな》いとしてみたつもりである。あわせて、京都新聞に掲載した、三流の古典教師の日々の悪戦苦闘を物語るエッセイをも収載することにした。それが、

Ⅱ 古典教師の煩悶

である。すべて、読み切りの文章なので、どこから読んでもらってもかまわない。

すなわち、本書全編、悪くいえば、三流古典学徒の「悪あがき」でしかないのだが――。

I　書物の劇場

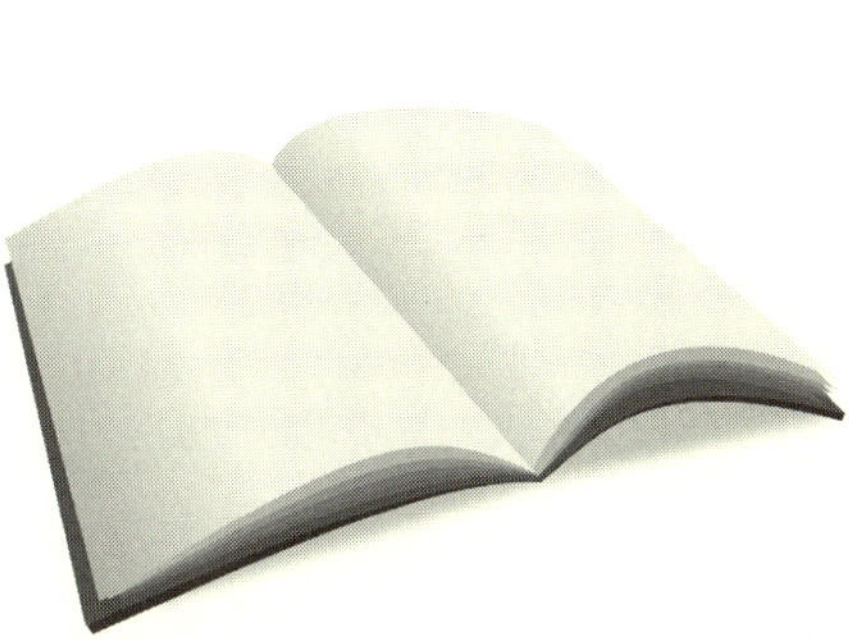

I

1 時代と人間

日本人の万葉集物語

『百人一首』には、「春過ぎて　夏来にけらし　白妙の　衣干すてふ　天《あま》の香具山」とあるが、『万葉集』では「春過ぎて　夏来るらし　白栲《しろたえ》の　衣干したり　天の香具山」となっている。これは、藤原定家（一一六二―一二四一）の「改作」と説明されるところだ。ただし、それは、今日でいえば「改作」にあたるということでしかない。この点を、著者は、定家自身が「自分自身の歴史意識と美意識に基づいて定家が思い描いた〈古代〉像」の反映と見るべきだ、と説く。漢字のみで書かれている『万葉集』は、音に出して読むと読み手によって揺れが生じてしまう。ために、どうしても読む側の思考が訓《よ》みに反映されてしまうのだ。[1]「月西渡」は、普通に訓めば「つきにしにわたる」だが、月が西に行くなら「つきかたぶきぬ」でもよいか、というように。漢

[1] ここは、『万葉集』の読解の原論にあたる部分であり、『古事記』原論でもある。

『万葉集と日本人　読み継がれる千二百年の歴史』

小川靖彦

KADOKAWA／角川学芸出版、二〇一四年

字を見ながら「うむぅ」と考えるところから、『万葉集』の読解は、はじまるということを、著者は丁寧に解説している。つまり、藤原定家の改作や読解を考える場合には、定家の読解の論理を推定する必要があるのだ。

以上は、万葉学の「いろは」の「い」なのだが、そういう基礎を語る時にこそ、学力や見識がわかるから怖いのだ[2]。私と著者とは同業者、しかもほぼ同年齢。ケチの一つもつけたいところだが――。悔しいことに、分かり易《やす》い上に、この上なく正確なのだ。残念……。

著者は、みごとに、平安なら平安時代の人びとの論理で、鎌倉なら鎌倉時代の人びとの論理で、いかに『万葉集』が訓み継がれ、いかに理解されてきたのかということを描き出している。では、近代の『万葉集』はどう読まれたのか。明治なら明治の人びとの論理で『万葉集』は訓み継がれていた。そして、いわれているように、『万葉集』は「忠君愛国」の書となってゆく。ここも、ちゃんと説明してある。時代や、時代の訓みの論理を見事に説明しているところに、著者の力量が表れた本である。

[2] 自分のことをいうと、専門の領域であっても、けっこう思い込みで、間違っていることもある。それに、どう説明するかが、まさに学力なのだ。

女帝から見た日本古代史

吉村武彦『女帝の古代日本』
岩波書店、二〇一二年

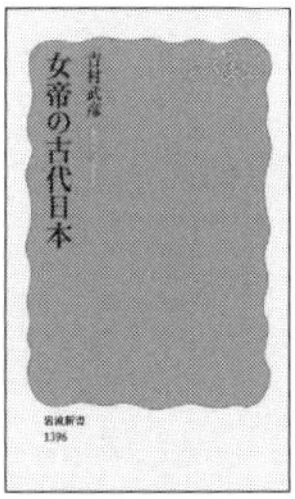

古代史家なら、誰でも邪馬台国から平安時代までを自由自在に語ることができるかといえば、そうではない。今日の研究は細分化されているので、古代通史を語ることのできる史家は、稀有《けう》といってよいのだ[1]。私の見るところ、著者は古代通史を語ることのできる最後の史家ではないか、と思っている。

本書は、当然、卑弥呼から語りだされる。著者が強調するのは、卑弥呼は外交的には倭国《わこく》の王であり、男子の王が立つことによって政治的混乱が起きることを避けるために女王の位についたという『魏志』の記述があることである。つまり、男王が立ち、子どもができると政情不安になってしまうので、倭国の女王の位についたのが卑弥呼だというのである。したがって、卑弥呼が子をなすことについても、避ける必要があって、夫を持つことが許されな

[1] ここは、自分で書いていても耳が痛いところ。個別の細い研究を行いつつも、大局観は必要だ。が、しかし。なかなかできるものではない。自分など視野が狭いと思う。

かった、と著者は指摘する。(2) この指摘は、本書全体に流れる基調音となっている。というのは、なぜ、女性天皇は夫を持たないのか。なぜ、女性天皇だけが重祚《ちょうそ》――いったん譲位した後にまた即位すること――をするのかということを、見事に説明してくれるからである。ちなみに、女性天皇ではないが、天皇と同じ権能を有したと記述されている飯豊青皇女《いひどよのあをのひめみこ》について、夫との性交渉がなかった旨の記述が『日本書紀』にはある。つまり、政情不安を取り除くために、皇女が求められて即位する場合も、意中の皇位継承者がまだ若いために自ら即位せざるを得ない立場となった場合でも、それは譲位を前提とした即位のために、子どもができてしまっては、困るのである。(3)

読後、私は、著者に一つだけ質問がしたくなった。それは、唐の則天武后(六二四―七〇五)との比較や影響関係についてである。奈良朝の女帝輩出の背景に、武后の影はないのかと、聞いてみたくなった。いつか、著者の答えを聞いてみたい、と思う。

2 このダイナミックスが、本書の凄味で、膝を打った。

3 まさに、制度運用の原理ともいうべきものだ。制度には、その制度を作る原理もあれば、運用をする時の原理もある。

傑出した奈良時代天皇論

歴史学というものは、あとから史実の意味付けをするものである。そういう歴史学の弊に切り込んだ一冊。

天平一二年（七四〇）〜一七年（七四五）のこと。聖武天皇は居所を次々に遷した。平城京から、恭仁宮《くにのみや》→紫香楽宮《しがらきのみや》→難波とめまぐるしく。結局、平城京に都は戻るのだが、これを一般には、「聖武天皇の彷徨《ほうこう》五年」といったりする。しかし、その真相はわからない。ノイローゼ説もあるところだ。著者は、『続日本紀』の精緻な読解と、各宮の発掘成果からわかる整備状況を踏まえ、一つの結論を出している。

結論は、この事件の謎解きのみならず、日本歴史における天皇権力というものの性質を浮き彫りにするものである。天皇のリーダーシップと、臣下と

栄原永遠男
『聖武天皇と紫香楽宮』
敬文舎、二〇一四年

の合意形成。そのなかで、聖武天皇は大仏建立は紫香楽宮ではできないと苦渋の判断をしたというのである。臣下の協力が、平城京でなら得られる(1)。そこで、新都造営の夢を一時的にあきらめたのではないか、というのである。

さて、韓流歴史ドラマを見ていると一つ気づくことがある。国王と臣下が時として対立関係になるということだ。いや、対立している方が常態か？

国王の行いたい政策と臣下が立案し、実行しようとする政策に一致点を見出せないのだ。私は、苦悩する聖武天皇のイメージを朝鮮王朝の国王と重ね合わせて想像しているのだが。

未来は、誰にもわからない。あとから見れば、辿った道が一本に見えるだけなのだ。

[1]　ここは、天皇権力のあり方を考える上で重要なヒントとなるところである。これを、聖武朝の特殊事情とみるのか、一般化してよい例なのか、議論はわかれるところだろう。

愛の帝国の理想

『孝謙・称徳天皇　出家しても政を行ふに豈障らず』
勝浦令子
ミネルヴァ書房、二〇一四年

ここに、ABCの三つの史料があるとしよう。とある人物や事柄について、Aは好意的に書かれ、Bは中立かつ客観的、Cには誹謗《ひぼう》中傷が書かれていたとする。ABCを足して三で割れば史実が判明するのか。Bが正しいのか。そんな時、プロの歴史家は、どうするのか？　史料の成り立ちを吟味し、史料の性格を明らかにして、なぜそう書かれているのかを考える。その史料の評価にこそ、歴史家の学力が表れるのである。(1) 最新の成果をもとに、妥協なく吟味された史料を使い、二度即位し、日本史上唯一の出家者の天皇となり、古代最後の女帝となった天皇を描き出したのが、本書だ。(2) 今日、孝謙・称徳天皇と称される天皇の本格的評伝である。

本書が優れている点は、皇太子時代に受けた教育に着目した点であろう。

[1] 史料批判のイロハというものであるが、自分など都合のよいとこ取りをしてしまうので、こんなことを書く資格があるか、今は反省している。

吉備真備《きびのまきび》から、唐の最新の学問を学び、中国唯一の女帝・則天武后の政策についても精通していた。また、仏教に関する学識も、最先端の教学を深く理解していた。その学識を政策に反映させようと、女帝は奔走する。しかも、その政策の理念を自らの言葉で語る、もの言う天皇なのだ。(3) その理念を一言でいえば、仏教による理想社会の実現であり、仏教福祉国家の建設とでもいうべきものであった。(4)

一方、抵抗勢力との格闘は凄《すさ》まじく、クーデターを画策する相手との命のやり取りが、その死の直前まで続いていた。たとえ勝利しても、死に追いやった相手は、じつは肉親であり、かつての同志であるという不幸。それでも、戦い続け、生き抜いた、ひとりの孤独な女だったのか、と私は溜《た》め息まじりに後半を読んだ。(5)

女帝が構想した理想の国家とは、尼の天皇と男性の法王がともに国を治める宗教国家であった。正しい理念と志が、反転して悲劇をもたらす瞬間を見事に描く著者。もちろん、かの道鏡事件の真相についても、冒頭に述べた方法で明らかにされている。それは……？　紙がない！

2　女帝について考える場合、今後、本書の果たす役割は大きいと思われる。

3　今、私が読んでも、その詔は、まさに肉声が宿っていると思うところがある。

4　理想を追究する社会ほど、その内部対立は根深いのである。

5　まさに、最後まで読むと、「生き抜いた」という言葉が相応しいと思えてくるのである。

地方官人たちの古代史

『地方官人たちの古代史　律令国家を支えた人びと』
中村順昭
吉川弘文館、二〇一四年

資金力はあるのに、アルバイトが集まらず廃業。本社から出向した社長と、生え抜き副社長との確執。税金逃れの偽造書類。これは、いつの話なのかと、ついつい疑ってしまうのは、私だけではなかろう。それが、一三〇〇年前の話と知った時、私は万葉歌が現代人にも感動を呼び起こす理由がわかった気がした[1]。

口分田《くぶんでん》の不足は、即、食糧危機をもたらし、社会不安の材料となるから、それを早急に解消する必要がある。政府が矢次早に出したのは、あの教科書で習った三世一身の法や、墾田永年私財法だ。これを手っ取り早くいうと、土地利用と所有に関する「規制緩和」だ。すると、一大開発ブームが起こる。有力な氏族や寺院は、資金を投入し、人材を地方に派遣して水田を切り拓《ひら》

[1] その時代、時代の時代性というものは存在する。しかし、その時代性を考慮した時に湧き上がる共感もある。たとえば、墾田永年私財法を「規制緩和」と読み替えた時に見えてくるものである。

く[2]。しかし、運転資金には、法定で二割の金利が付いていた。この二割の金利を払い、手元に資金が残れば成功だが、それがうまくゆかないのである。冒頭に述べた事柄が次々と発生する。これは、東大寺の荘園の話である。撤退にあたり、損金の負担を求められることもあった。「規制緩和」によって広がるビジネスチャンス。が、しかし。結局、そこで成功するのは、ごく少数者でしかない。が、しかし。「規制緩和」をしなくてはならないという社会的要請や、政治的要請というものもある。おそらく、そういう葛藤のなかで、時々の政権は苦渋の決断をなしてきたのであろう。新田開拓ラッシュのなかでの泣き笑いが、史料として残っているなんて。私は、読了してため息をついた――。

著者の学問のエッセンスここにあり！

[2] まさに、本店と支店。本社と支社の関係である。

『古代豪族と武士の誕生』

森 公章

吉川弘文館、二〇一二年

古代史から現代への問いかけ

某県に出向しているキャリア官僚から、こんな嘆きを聞いたことがある。「上野さん、一月ってもう大変なんです。新年会の梯子《はしご》で、一日五つや十はざら。たいへんなのは挨拶で、○○組合、○○協議会と名前は違うけど出席者は八割は同じ。挨拶の内容を変えなきゃいけない。それに、お金もかかるし」。私は、本書読了後、以上の言葉を思い出した。

話は千三百年前に飛ぶ。国司《こくし》すなわち律令国家の地方官(1)が、任地に赴任しても、実際にその土地で働くのは、その土地を代々治める郡司《ぐんじ》なのである。したがって、郡司がそっぽを向けば、国司はその任務を果たせない。もし、紛争が起これば、突然、矢が飛んでくることも、放火にあうことも、あるのだ。ではどうやって、国司は、郡司たちを手懐《てなず》けるのか。ここが、本書の見

①『万葉集』に、地方の歌が多いのは、奈良時代の役人は、まじめに地方赴任したからである。対して、平安時代の役人たちは、代理人を出向させることが事実上可能だった。よく学生

所だ。郡司たちの子弟を、花の都の下級役人に採り立てるのである。郡司の子どもは、男なら、天皇や貴族の家で事務官として働き、女なら采女《うねめ》すなわち下級の女官として働く。采女の中には天皇の子を宿す場合もあるから、大出世となることも。二つ目の懐柔策は、郡司たちの領地を国司が保証してやるという方法である。いわば、口利きだ。本書は、こんな上申書からはじまる。「私め他田神護《おさだのじんご》の祖父、父、兄は代々領地を世襲しておりますし、また私自身も平城京でご立派な御身分の方々の家で忠勤してまいりました。したがいまして、下総国《しもおさのくに》の海上郡《うなかみぐん》の郡司のお役は是非、私めに任命して下さい」という文書である。現在の千葉県香取郡・市域を代々治める郡司の言葉だ。ただし、この文書は、事務能力抜群で、能書家であった安都雄足《あとのおたり》という人物に代筆してもらったようだ(2)。

さて、話は冒頭に戻る。では、とどのつまり、郡司たちと仲良くなる一番の方法は何か。それは宴会だ。かの万葉歌人・大伴家持も、最大限に郡司たちを褒め讃える歌を作っている。全国会議員、全国家公務員、必読の書、ここに現る！

にいうのは、万葉歌人は、全国どこでも赴任したが、光源氏を見よ、と。須磨・明石に行ったら泣いているぞ、と。

[2] 自動車地域販売店や保険の地域代理店も、案外世襲の経営者が多い。流動するキャリアと、在地の有力者という構図は、今も昔も変わらないのではないか。

旅する説教師

『宣教使　堀秀成　だれも書かなかった明治』
錦　仁
三弥井書店、二〇一三年

時は明治のはじめ。二千人の聴衆を唸《うな》らせる説教をし(1)、函館、静岡、安中、一関、市川三郷、伊勢、琴平、秋田と旅をし、生涯に二千四百名の門弟を持った堀秀成《ほりひでなり》という男がいた。明治新政府は、西欧列強との条約改正を控え、信教の自由をある程度保障しなくてはならなかったが、キリスト教の急速な拡大については、これを阻止する必要があり、彼の力を頼ったのである。なぜならば、天皇を中心とした国づくりを目指していたからである。したがって、どうしても神道と国学を国民道徳の基礎としなくてはならないのである。そういった複雑な事情を抱えてできたのが、宣教使という役所であった。時に、明治二年（一八六九）のことである。その宣教使という役所に勤務する人間も宣教使と呼ばれていた。

1　マイクなしに、果たしてそんなことが可能かと思ったが、昭和前期の浪曲師たちは、地方巡行で千人単位の観客を前にマイクなしで語ることができた。

宣教使となった秀成は、膨大な旅日記を残しており、丹念に日記を読み解くことによって、明治期前半の精神史をみごとに描き出したのが、本書だ。つまり、堀秀成の仕事は、民衆の心に届く言葉で、新国家の理想を説くことだった。じつは、この時代、天皇という存在すら民衆に浸透していなかった。そもそも、天皇とは何ぞやということから語りはじめる必要があったのだ。だから、話は当然、古事記や万葉集から説き起こされる。では、古典を古典として語ればよいかといえば、そうではない。なにしろ、世は文明開化の時代。西洋の新知識が民衆に広がるなか、神道を広める必要があったのだ[2]。

しかし、時代の最先端にいたはずの秀成を、時代は残酷にも追い越してゆく。宣教使は早くも明治五年に廃止され、紆余曲折の後、秀成は野に下る。著者は、都合三十年に及ぶ日記を読み通して、明治の説教師の工夫や悲哀、そして時に非難の対象となった女性関係を洗い出す。

二千人の聴衆が押しかけ、マイクなしに聴き入ったという秀成の説教とは[3]？　そこは、読んでのお楽しみだ。

[2] 説教芸の明治における展開の一つである。

[3] 広くいえば、古典教師も、現代の説教師ということになるか？　というのは、解釈だけでなく、古典の大切さを喧伝する役割も担っているからである。

日本型ボランティア文化の原型

『お伊勢参り　江戸庶民の旅と信心』
鎌田道隆
中央公論新社、二〇一三年

著者の研究室は、退職するまで私の研究室の真上にあった。近世史のゼミなのだが、毎週の大酒盛り。江戸時代のおもちゃを復元するのだといって、とんかちとんかち。果ては、お伊勢参りをするのだといって、学生にわらじを作らせる始末(1)。まぁ、うるさいことこの上なかった。しかし、本書を読んで、むべなるかな、と思った次第。

江戸時代における庶民の伊勢参宮研究は、従来これを一つの民衆運動とみる見方が主流であった。つまり、明治維新の伏線となるべき民衆運動のかたちの一つとする見方である。著者は、こういった見方を全否定はしないのだが、別解を示そうとする。六十年に一度の、数百万人単位の参加者のあった「おかげまいり」。さらには、突然の職務放棄が許された「抜け参り」。本書

[1] 鎌田が標榜したのは実験歴史学であった。近世の生活を一部でも体験することによって得られる実感から、新しい歴史像をイメージする学問である。

では、これを旅立った側の理由と、多くの無銭旅行者を受け入れた街道や伊勢の人びとの理由から、考察しようとする。

このあたりの分析は、一流の近世史家の手腕だ。著者は、行き詰まってしまった人間関係から、ふと離れる行動として、一般的にお伊勢参りが社会的に認知されていたことを論証する。それは、伊勢参宮についてのみは、事前の予告なしに旅立つことが容認されていたからである。

「信心」といえば、それ以上の理由を、問われなかったからである。だから、帰れば職場復帰も可能なのだ。(2) 一方、「信心」ということなら、街道の村の人びとから、食べ物の支給などのさまざまな便宜を得ることができたのである。それが、村びとの「施行《せぎょう》」となるのである。つまり、伊勢参りを手助けすることが、功徳となるのだ。かくして、ある日突然、旅立てるのである。著者はここに、日本型ボランティア文化の原型をみる。(3)

私は読後、あの東京マラソンを思い起こした。走る側、ボランティアをする側にも、それぞれの理由と論理があるのだろう。

2 一種のシェルターのようなものなのだろう。

3 私は教師として、東日本大震災のボランティアを送り出す立場であった。私が、常に心配していたのは、学生たちが、ほんとうに役立つ活動をし、地元に迷惑をかけていないかということであった。そんなことを思いつつ、この条を読んだ。

単純化できない歴史

『金沢庄三郎　地と民と語とは相分つべからず』
石川遼子
ミネルヴァ書房、二〇一四年

折口信夫の評伝を書いていた時のこと。[1]折口が、日韓併合以降、微妙な立場の日本国民となった朝鮮の人びとについて、同情的かつ公正な立場で接していることに驚いたことがあった。折口は、関東大震災における朝鮮人殺害事件を告発した男なのだ。その折口が、終生の師と慕った人物が、金沢庄三郎なのである。金沢は、折口の朝鮮語の師であった。だから、私は金沢の伝記を探したのだが、なかった。その金沢の評伝が出た。それも、主要著作目次、主要参考文献、著作目録も付いているから、ありがたい。

著者は、冒頭、静かな口調で、金沢の伝記がこれまで刊行されなかった理由を語り出す。金沢には、多くの著作があるが、今日知られているのは、『日韓両国語同系論』（三省堂書店、一九一〇年）、『日鮮同祖論』（刀江書院、一九二九年）

[1] 上野誠『魂の古代学——問いつづける折口信夫』（新潮社、二〇〇八年）

の二著である。前著は、日本語と朝鮮語を比較し、日本語と朝鮮語には同一の祖語があったことを推定する言語学の書。後著は、日本の古代文化に与えた朝鮮文化の影響を、主に地名や人名から推定するものである。今日の学問水準からすれば危ういところが多いのも事実だが、その方向性が誤っているわけではない。が、しかし。この二著は、戦後、日本の朝鮮半島支配を正当化する書と評価されるようになる(2)。ために、金沢の伝記など書こうとする人が、これまでいなかったのである。

読了して、私の思いは、複雑なものとなった。たしかに、同系同祖論は、一躍金沢を時の人にしたが、批判もあって、東京外語学校や東京帝国大学を辞めざるを得なかったのである。なぜなら、金沢の学説は、日本人のプライドを傷つける側面もあるからだ。これは現代的課題でもある。かくいう私も、日本文化は、中国文化の亜流だとか、朝鮮文化の亜流だといわれると、むきになって反論することがあった(3)――。

[2] 一方、金沢は、朝鮮における日本語学習の強制に反対し、日本人が朝鮮語を学習することの大切さを説いた。

[3] 客観性や科学性の堅持はもちろんのことなのだが、私は人文科学は対象に対する敬意、敬愛がなくてはならないと考える。むしろ、客観性と敬意、敬愛のなかで、苦闘するところから、真の研究は生まれると思うのだが。

小学校中退の大学者は、いかに生まれたか？

小学校中退の学歴で、東京帝国大学助教授となり、フランス・パリ学士院からパルム・アカデミー勲章を授与された国際的な人類学者、鳥居龍蔵（一八七〇―一九五三）。本書は、その自伝である。前半は、学校に馴染めなかった少年の、愛と勇気の物語であり、後半は南島・中国・蒙古を東奔西走する冒険物語である。解説の田中克彦がいうように、学校というものを否定するところから、鳥居の学者人生ははじまる[1]。ただ、読後、私は思った。鳥居はなるべくして大学者になった、のではないか、と。

まず、大前提として、大学制度の発足当時にあっては、それほど大学卒の看板も、威力を持った社会的存在ではなかった、ということである。ことに、人類学のような比較的若い学問が、大学の中に確固たる地位を築くのはすこ

[1] 私など正統的アカデミズムの外野席にいるので、こういう学者の伝記を読むと、胸が空く（外野席にはいるが、場外ではないところが、私のいる場所か？）。

鳥居龍蔵
『ある老学徒の手記』
岩波書店、二〇一三年

ぶる遅く、人事も柔軟性を持ったものであったようだ。考古学の梅原末治（一八九三―一九八三）や末永雅雄（一八九七―一九九一）も、このようななかで、大学を卒業せずに学者としての地位を築くことになる。次に、学界において、圧倒的な力を持つ大ボスのいる場合、そのボスが力を認めれば、学者としての地位を築けたのも事実である。鳥居を最初に評価したのは、坪井正五郎（一八六三―一九一三）であった。ただ、そういった場合、ボスと不和となると、頼れるものはなくなる。かくして、いじめにもあう。ここは、この自伝の一つの読みどころだ。

一方、私は、明治期の学界の方が、実力主義だったと思った。鳥居が評価を受けたのは、欧文の論文を、外国の権威ある雑誌に次々と発表したからであった。時は明治、早く欧米に追いつく必要性があったから、各組織において、的確に個人の能力を評価し、高い地位を与えることも、これまた多かったのである。

ちまちまとした学界政治、学内政治に右顧左眄《うこさべん》している私などから見ると、なんとも胸の空く一冊だ(2)。よくぞの復刊！

(2) 悪くいえば、ボス政治ということになる。これまで、私は、学力の不足を補うために、うまく学会のボスの間を遊泳してきたつもりであるが……。はて？　これからどうなるか？

政治権力なるものをリアルに描く

『田中角栄　戦後日本の悲しき自画像』
早野　透
中央公論新社、二〇一二年

私は、元番記者のもの知り顔の政治評論が、大嫌いだ。番記者、すなわち特定の政治家や派閥の取材を専門に担当する記者のことだ。彼らはあたかも自分たちだけが、政治の深奥を知っているかのように語る。けれども、政治家の懐に入ってゆかなくては、その真意など探れるはずもない。著者は、番記者について次のように述べている。「往時の政治記者の栄光のポストは自民党の派閥担当記者である。いつしか派閥の代弁者になって権力の興亡にかかわるような気にな[1]」ると。著者も、その番記者のひとりだった。

本書に散りばめられている角栄語録は、まさしくこの著者にしか語らなかっただろうと思える一言で、匂いまで伝わってくる生《なま》の言葉だ。第一、越山会の名簿をもらって、名簿をもとに新潟の各地を取材することなど、角栄の

1　本を書くということは、書くことによる著者の反省だ、と思う。こういう言葉に接すると救われた気になる。私が書く、

懐に入らなければできない仕事だったろう。懐に入れば入るほど、政治家のもっている大きな人間的魅力に魅了されるはずだ。

しかし、著者は、ものすごい吸引力に抗《あらが》って、角栄を描こうとする。取材するうちに明らかになる巨悪、一方でその人間的魅力に溺れそうになる著者自身が、本書には描かれているのである。「角栄よ、『列島改造』の夢の裏に、いつも利権が蠢《うごめ》いていたのでは、『上り列車』の英雄があまりに悲しくはないか(2)」と著者は叫ぶ。

「『上り列車』の英雄」とは、貧しいが志を持って新潟から上京して来た、純朴な青年・角栄を比喩的に表現した言葉だ。と同時に総理の座に向かって飛翔する姿を表現した言葉でもある。

おそらく、角栄死後の二十年という歳月は、角栄との距離を保つために、必要な時間だったのではないか。

私は、客観的な記述が心掛けられているにも拘らず、いきなり「角栄よ」と呼びかけてしまっているところに、著者の葛藤を読み取った。

そして、著者に、深い敬意の念を抱いた。

一連の折口信夫伝も、それを心がけている（おこがましいが……）。

[2] 悪にも強ければ、善にも強い。われわれは、一つの典型をこの政治家に見たわけである。それに、あの語りの吸引力――。叩きあげの政治家の力量がそこにあった。エリートにはない強さだ。

やがて悲しき田中角栄伝

本書は、田中角栄秘書の告白記の体裁を取るも、中澤雄大の取材記である[1]。

読了後、私は、そうかぁ「べんとう」[2]かぁ、と呟いた。たかが弁当。されど弁当だ。ロッキード事件後、病に倒れた田中角栄のもとには、忠誠心を表すべく、一日五十人もの国会議員の見舞客があった。なんとその弁当は、一食五千円也！　つまり、見舞客を受け入れるために、一日二十五万円かかっていたのである。それに見舞客のための特別室代も。この支払いをめぐって、田中家側と、田中事務所側が対立する。この対立が、直接的引き金となって、栄光の田中事務所は閉鎖となり、秘書軍団は職を失うことになったというのだ。私は思った。五千円の弁当を出し続けられなければ、元首相の力はなく

『角栄のお庭番　朝賀昭』
中澤雄大
講談社、二〇一三年

1　これほど、賢明な政治家でも、判断を誤ることを考えると、豊臣秀吉を思い出した。

2　京都で開かれる会議で弁当が出ると、どこの仕出し屋の弁

なった、と思われることを恐れたのだろう、と。[3]

田中秘書軍団といっても、地元対策の国家老たち、江戸家老たちに分かれていることがわかる。さらに江戸詰め家老たちも、目白の田中家の生活をサポートする秘書たちと、政治活動と政治資金を支える事務所の秘書軍団とに分かれているのだ。しかも、事務所の秘書たちも、金庫番で愛人であった佐藤昭派と、早坂茂三派に分かれていた。朝賀昭は、江戸詰め事務所付きの佐藤派だ。秘書たちは、協力はしても、ライバルだった。朝賀の人物評は、田中真紀子・早坂茂三に厳しく、あきらかに佐藤に同情的だ。

だから、田中角栄が入院し、政界復帰の目がないと感じ始めると、協力関係はなくなる。その途端に、いったい弁当代は誰が出すのかという問題が……。確かに、ディープな情報ばかりだが、すでに佐藤昭の告白記があり、早坂の著書もあるので、本人は、すでに出されている情報を横目で見つつ、出せる情報と出せない情報を峻別しているのではないか、と思う。[4] そこは、百戦錬磨の秘書。私は、むしろぼかしの美学を堪能すべき書だ、と思った。闇は、まだ深い。

それにしても、たかが弁当、されど弁当だ。

当かが、非常に重大な問題となる。もてなす側の経済力と、客の格で決まるからである。もちろん、最高は、誰もが知っている料亭のもので、それも「ツテ」を使って特別にあつらえてもらうことである。

3 とある政治記者から、この書評を読んで、かつての自民党の派閥の力は、担当記者（番記者）に振る舞われるお弁当の金額でわかりました、と電話をもらった。なるほど。

4 代議士と秘書の関係は、オヤジとムスコの擬制的関係であった。朝賀の視線もそうだ。朝賀は、角栄を父として語っている。

毒のある芸人伝

評者が考えた架空対談。

戸田「本できましたで」。上岡「俺の文章も入っとるし、独演会の紙上ライブも入っとるし、おまけに上岡流講談のCDもついてるやないの。印税の半分は、俺にくれるんやろ！」。戸田「何いうてますのん、あんさんはもう、二〇〇〇年に引退してますやん」。上岡「それとこれとは別やろ」。戸田「芸[1]は一流、人気は二流、ギャラは三流って、いってましたやんか。恵まれない天才といってましたやんか。恵まれたらアキマセン。印税はやれません。それとも、芸人やめて、文化人にならはるのん」。上岡「そうか、文化人といわれるほど、俺アホやないし……」。戸田「さすが」。

毒のある話術、鼻につく芸。そういう芸人が、いなくなった。たとえば、

『上岡龍太郎　話芸一代』
戸田 学
青土社、二〇一三年

[1] 「歌う」「語る」「話す」という言語行為から、芸が生まれる。このうちの「語る芸」は、義太夫、講談、浪花節である。「話す芸」は、落語と漫談である。もちろん、語る部分と話す部分は混在するのだが。「語る」と

トニー谷、初期の森繁久弥、かつてのタモリ。今や、好感度がすべての時代。毒を吐くのは、性の壁を乗り越えて、突き抜けたタレント……たとえばマツコ・デラックスくらいか。

ところが、本書を読むと、上岡龍太郎という芸人が、努力の人だとわかる。自分と後進のために、劇団を作っていたのだ。テレビやラジオでは、話が細切れになるために、長い語りの芸をすることはできない。そこで、自らの語りの力をつけるために、上岡流講談(2)なるものを始め、自分で独演会を主催する。身銭切って。稽古なんて死んでもするもんか、俺は天才やぞ、といいながら。

読了して思ったのは、上岡龍太郎という芸人は、美学の人だということだ。それも、上品を旨とする美学。盛りに散る花は美しいと、突如の引退。ところが、引退公演の口上は「この度、私、四十年にわたる芸能生活に終止符をうち、引退を決意、表明をいたしましたところ、誰ひとり止めるものがなく、とうとうホントに引退をせざるを得ない状況に陥ってしまいました」とくる。よくぞの毒舌芸人一代記！

はかたちのある物語をかたちどおりに伝えることである。対する「話す」とはそういうかたちからはずれるものを伝える行為である。

2 今日、語りの芸は衰退している。おそらく、テレビという媒体は、「語る芸」に向いていないのだと思う。思うに、上岡はかたちを学び、新しいかたちを作って発信する技術を磨こうとしていたのだろう。

花やかで、哀しい役者伝を読む

二〇一二年十二月、五十七歳の若さで逝った中村勘三郎。五歳下の私には、勘三郎ではなく永遠の勘九郎、いやカンクローチャンである。本書は、中村屋と家族同然の付き合いをした関容子の勘三郎伝である。なり切るタイプの役者であった勘三郎は、千秋楽近くなって、共演者が来月の出し物の話をすると、「複雑な顔をして、『え？　ちょっとそれは、寂しいなぁ……』」と、ささやいた。[1] こういうなり切り型の役者は、常に悲しみを内側に抱え込むこととなる。というのは、舞台と人生の境がないからで、勘三郎は、どんなにすばらしい芸も、それが終われば残らないことを、砂に字を書くどころか、水に字を書くことと同じだと、嘆いた。つまり、どんな名演も、名演に対する喝采も、その場かぎり[2]のものであるということを、勘三郎はよく知ってい

関　容子
『勘三郎伝説』
文藝春秋、二〇一三年

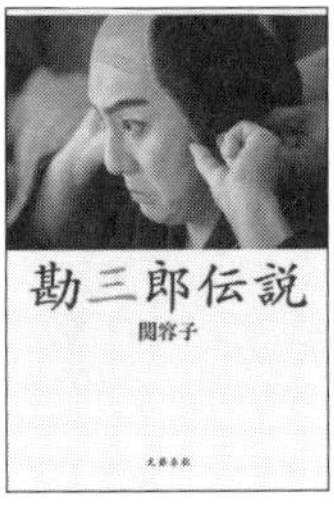

[1] 芸を見せるのか、役になりきるのか、時と場合で違うし、役者のポリシーでも違うだろう。

るのだ。演ずるタイプの役者よりも、人一倍に悲しみを感じてしまう勘三郎。

十九歳の勘九郎は、ひと回り上の太地喜和子と大恋愛。胸の痛くなるほどの純愛物語だが、やがて二人の関係は破綻。そして、よき友となってゆく。ただ、次のシーンは、考えさせられた。勘三郎の母親が亡くなった日、どこからともなく聞きつけた太地喜和子が、枕元にやって来る。なんと『あなたの反対で、結婚できなかったのよねぇ、あなたのせいなのよ、ねぇ』とくり返しながら、ずっとお酒を飲んでいた」というのだ。さて、ここはもう友だちになっていたからか、それとも、そう太地が酒を飲んで嘆くことによって、勘三郎の心を癒そうとしたと見るべきか。なぜ、太地は悪女を演じたのか。たまたま、そうなったのか、ここまでくると、三流の万葉学者なんかに、わかる話じゃない。(3)その太地の死を見届けることになる勘三郎。ここにも、ドラマがある。

関容子という人は、暴く人ではない。暴くのではなく、語らせる人だ。だから、話は生々しくても、不快感が不思議にない本だった。　合掌

2 その場かぎりであるからこそ、一期一会で入魂するのか？　残るものだから入魂するのか。そこが、役者と文学者の違いか、と思ったりもした。

3 ここは、新聞紙上に出ると話題沸騰で、何通手紙が届いたことか、わからないほど。生前の太地を知る人からも。しかし、その話も、その人の今の解釈でしかない。真相は、闇だ。また、闇でよい。

I

2

人間と文学

川合康三
『杜甫』
岩波書店、二〇一二年

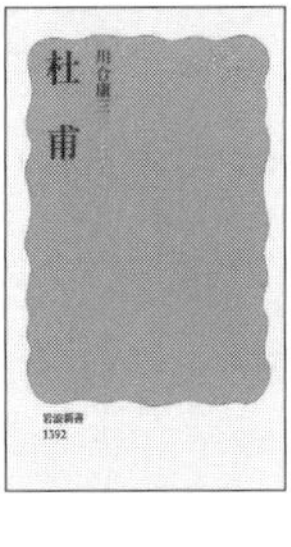

古典学者の力量を知る

洋の東西を問わず前近代の文学というものは、前代の古典を踏まえて重ね絵のように書かれるものだった。BはAを踏まえ、CはA・Bを踏まえるというように。すると、Zを知るにはAからYを学ぶ必要があるのだ。[1]

ではどうやって、古典学者は、現代人に古典を伝えればよいのか？　著者の苦労もそこにあるのだが、杜甫の詩の味わいを平易な現代詩にして先に示しておいて、次に原文と書き下し文を添えるなどの工夫が、さりげなくなされている。冒頭に書いたように、古典解釈は、鏡の中の鏡の世界を彷徨《さまよ》うようなものなのだ。すると、一般書の場合、どこをどう掬《すく》い上げた訳文を作り、説明するかが難しいのである。いやむしろ、その掬い上げ方こそが書き手の力量そのものなのだ。[2]私は、解釈の一文一文を読みながら、著者が軽やかに

1　ここは、本書の冒頭に述べたところだ。

読み説いてゆく凄腕に呆れもしたし、憧れの心も抱いた。そこから浮かび上がってくるのは、碩学が辿る杜甫の人生の旅路なのである。幸福を求めて旅する詩人の心を、著者は余すところなく掬い上げている。

読後に目を閉じると、なんと杜甫の声が聞こえてきた。「井戸の遠い家に住んだ時には、下男が水汲みで苦労するのが、そりゃもう心苦しくてね。それがね、家を変わってから水を引けるようになったのはよいけれど、竹の筒が壊れちまって、水がなくなったのさ。それを阿段《あだん》という男がだよ、夜中に山に入ってなんとかしてくれたんだよ。猛獣のいる山にだよ」と。

杜甫の詩を読んでいると、赤貧の人のように見えるが、それでも大旦那様だ。その大旦那様の杜甫(3)が、自らのために労を惜しまなかった下男を詩にしているのである。杜甫は下男たちの働きに感謝の念を持って詩を作った、稀有な男なのだ。おそらく、杜甫の詩なくしては、その名も伝わらなかった下男の阿段。彼は、どんな男だったのだろうかと気になって、しかたがない。

2　求められるのは合理性だけではない。感性も必要だ。その二つをうまく融合する力量があるかないか。あぁー、耳が痛い——。

3　李白は役人にようやくなれそうだったが、失敗した男。王維は科挙合格者であり、宮廷のスターだった。杜甫が社会派で、李白が豪放磊落《ごうほうらいらく》のロマンチストだったというのも一つのフィクションだが、誰もが信じたいフィクションだとも思う。

淡い味付けの意味するもの

あれれ、これって料理本なのかなぁ、と思わせる書き出し。それは、井原西鶴の盲目の娘、おあいが作る料理なのだ。(1) その味付けは、素材の味を活《い》かすために、淡い味付けになっている。読了後、私は、その淡く切ない結末の味を噛《か》みしめながら、はじまりの部分を読み返した。

この小説は、娘の心の眼《め》で見た父、西鶴を描いたものである。本書のいう「阿蘭陀《おらんだ》」とは、一つの形容詞で、最先端をゆくという意味である。娘の描く西鶴は、負けず嫌いで、目立ちたがり屋。そして、関西弁でいう「ええ格好しい」である。「ええ格好しい」とは、外面をよく見せたがる人のことをいう。当然、家庭では家人たちに迷惑をかける人間である。この小説では、迷惑をかけつづける人間ということになる。(2)

朝井まかて
『阿蘭陀西鶴』
講談社、二〇一四年

[1] まぁ、女性の視点でいう人もいるかもしれないが、今や小説家には、女流も男流もないので、私は一つの緻密に練り上げられた人物造型であり、作品全体の構成を考えた上で採用せられた方法とみている。

では、著者の描く西鶴は、どんな人か？　一言でいうと、剛腕プロデューサーだ。本書の描く俳諧は、雅《みやび》の世界などではない。それは鎬《しのぎ》を削る興行なのである。何人の観客が集められ、いくらの金が動くかを張り合う興行なのだ。即興の詠のスピードを競い、客を唸《うな》らせようとする西鶴。娘に自らの企画の成功を語る西鶴の言葉に、虚で作られたリアリティーを、評者は堪能した。

一方、西鶴の小説はといえば、何をどう取り上げれば、売れるのか、というところからまず考える。(3)だから、俳諧、小説、芝居と仕事の幅はどんどんと広がってゆくわけだ。このあたりは、評者は寺山修司を思い出した。おもしろいことは、なんでもやる。また、俺がやるなら売れるはず、という心意気。近世の上方は、成熟しきった自由競争社会で、版元との丁々発止も、最新の研究を踏まえて書かれている。ここも、疾走する父を見守る娘の目線で、心の襞《ひだ》を写し取っている。そして、最後に、その西鶴が、娘おあいに対しても、ええ格好しいだったことがわかる。最後に、父の娘への思いがわかり、それが淡い余韻を残すのだ。(4)

[2] 西鶴の同時代評価というものを、小説化すれば、凡そこうなると思われるが、そのリアリティーが尋常ではない。

[3] まさに、人と時代である。人が時代を作るのか？　時代が人を作るのかという言い古された言葉だが。

[4] 楽屋話をすると、小説の書評は難しい。ネタバレしないように書かなくてはならないので。

古典学者の自己プロデュース

『本居宣長　文学と思想の巨人』田中康二
中央公論新社、二〇一四年

日本の古典研究は、大きく見て、宣長以前と宣長以後に分かれる。近代古典学といえども、宣長以後の一つの亜流に過ぎない。われわれができることといえば、宣長の見残した所を指摘するか、宣長の説を部分修正するかのどちらかだ。正統か、異端かの違いはあれど、古典学者は、宣長教の信徒でしかないのだ[1]。

本書は、宣長研究の第一人者による評伝[2]で、著者自身の大著の要諦を凝縮した本。著者は、その一生をまるごと引き受けたのだ。部分や一側面ではなく、爪先から頭のてっぺんまでを[3]。

まず、私が感じたのは、宣長という人が、常に自らの命が有限であることを意識し続けた人であるということだ。死というゴールに向かって、着々と

1　ずいぶん気取って書いてしまったが、これが偽らざる私の史観だ。

2　田中康二『本居宣長の思考法』（ぺりかん社、二〇〇五年）がある。

準備を進める人なのだ。研究をする。その成果を原稿化する。原稿を刊行する。自らの持てる時間と気力と体力を常に考え、着々と仕事をこなす人なのである。常に自分を二分割し、心のなかに、宣長本人と自己を指導するコーチを住まわせているのである。駅伝の選手と伴走するコーチのように。だから、コーチは、宣長本人のプロデュースも行う。自画像にはいったい何を描き入れるか。そこに描かれた文机・硯・筆・書物・短冊、そして桜。学問と歌の創作、そして自らの美意識をそれぞれの事物に表象させているのだ。自らの葬式も、お墓もすべて事細かに指示している(4)。コーチは、本人が死んだ後、どのように見られるかということも考え抜いているのである。

一方、彼は宣長株式会社ともいうべき私塾の経営者でもあった。スポンサーを見つけ、支店網を拡げる経営戦略を取る。自らの死後も、会社が存続できるように、次々に手を打っている。自らを神格化し、社訓も作って、死に備えているのだ。盲目となった実子では経営が難しいと悟ると養子を迎え、実子と養子の両方が並び立つ方法をも模索するのである。宣長さん、あなたは喰えない人ですね。末流信徒より(5)!

3 著者は、
二十歳代＝学問の出発(第二章)
三十歳代＝人生の転機(第三章)
四十歳代＝自省の歳月(第四章)
五十歳代＝論争の季節(第五章)
六十歳代＝学問の完成(第六章)
七十歳代＝鈴屋の行方(第七章)
で宣長の人生を語る。

4 生前葬というのも、同じ美学で、自己をプロデュースするという意識がある。

5 大上段、大真面目に、お前は本当に宣長の末流を任じているのかと問われると、苦笑するしかない。が、しかし。もし、近代国文学神社という神社があれば、そのご祭神は、宣長と芳賀矢一(一八六七―一九二七)になるだろう。

歴史にイフを持ち込むことの是非を問う？

最後の将軍となった徳川慶喜《よしのぶ》（一八三七―一九一三）の評伝である。読みはじめて驚いたことがあった。著者は、一つ一つの登場人物の思考と行動について、自分の意見を述べるのだ。(1)たとえば、慶喜はいやいや攘夷《じょうい》派にされたのだとか。そして、慶喜がもしも、攘夷と言わなかったらどうなったか、というところまで推定している。つまり、歴史にイフを持ち込んでいるわけだ。(2)さらには、将軍家に養子入りした慶喜の立場は、いったいどういうものであったかなど、そのすべてについて、著者は意見を述べる。述べてからしか、先に進まないのである。

なぜ、評者がこのような著者の態度に驚いたかというと、近代歴史学は、実証主義の子であるので、史実を「真」と「偽」と「真偽の判定がつかない

野口武彦
『慶喜のカリスマ』
講談社、二〇一二年

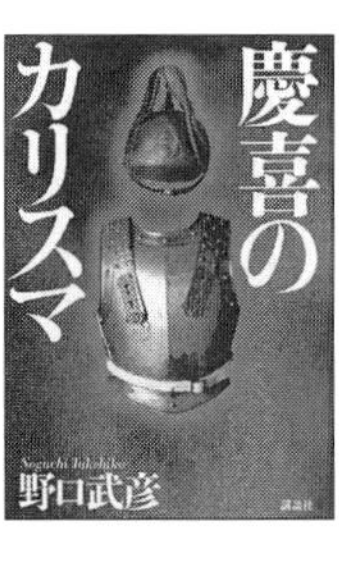

[1] 歴史記述は、なるべく解釈を加えない記述がよいとするのも俗説ではないのか。意見を加えないという加工がなされているわけだから。

[2] たしかに、過去は変えることはできない。しかし、歴史が

こと」の三つに峻別《しゅんべつ》する。その上で、なるべく想定、断定を避けて史実を復元する。つまり、常に自己の判断を回避ないし保留するのである。対して著者は、その時、慶喜はどう思っていたか、と必ず著者の判断を述べる。吉村昭の歴史小説は、でき得る限り、著者の判断を避け、常に読者にその判断を委ねるものであった（もちろん、くっきりと補助線は引かれているが）。

では、著者が描き出した慶喜なる人物は、いったいどんな人物として描かれているのか。それは、何もしない人という一言に尽きるのである。(3) が、しかし。何もしないという慶喜の判断こそが、歴史を切り拓《ひら》いたのであり、何もしないという判断に至る懊悩《おうのう》に耐えたことこそ、慶喜の偉大さがあるというのが、著者の意見だ。第十章は、沈黙を守って生きていくことの重さ、偉大さが述べられている。

読後、評者は、西郷隆盛のことを思い浮かべた。西郷は、自らが死ぬことに、自らの歴史的役割を見出《みいだ》した人だ、と思う。対して、慶喜は黙って生きつづけることに、自分の人生の意義を見出したのだろう、と思った。

人の意思によって作られるものとするならば、イフを想像することも許されるだろう。だから、イフを否定してしまうことは、他者を思う想像力の枯渇をもたらしてしまうのである。

3　何もしないという思慮の深さ、苦しさ、愉楽、そこに慶喜の人物像を描き出しているのである。

訳すための教養、評するための教養

小泉八雲著、平川祐弘訳
『個人完訳　小泉八雲コレクション　骨董・怪談』
河出書房新社、二〇一四年

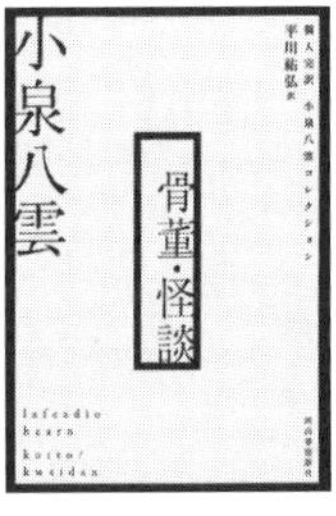

ふと、読書委員の平松洋子さんから渡された一冊。「小泉八雲の怪談の新訳ですよ」と一言。手に取った私は「ハーンの簡潔な英文を現代的な文章で訳していいですねぇ。しかも、訳注がすごい。よく勉強してるなぁ、いい本です」と返した。表紙を見て、私は赤面、穴があったら入りたくなった。というのは、比較文学の第一人者の平川祐弘による個人完訳の決定版だったからだ。まぁ、なんと偉そうに——。

では、どこがすばらしいかといえば……。ハーンと同時代の西洋の知識人が持っていた知識が、いかなるものであったか[1]。だから、ハーンはこういう表現を取るのだ。ハーンが見聞したものは、これにあたると思われるが、それは当時、どういうものとして見られていたか。ハーンは読んだ書物の一部

[1] 同時代に流行していた本、考え方、記述の方法などをよく知っていないと書けないのである。

を訳して引用しているが、ハーンは和文のどのような点をどうとらえて訳しているのか。東西の古典籍を縦横無尽に使いこなせる訳者しかできない訳業なのだ。

ここまで書いたところで、私は「ふむぅ」と唸ってしまった。それは、二つのことを想起したからだ。今日の大学教育において、著者のような碩学を育てられるか。私には、ちょっと疑問なのだ。もう一つは、自らも、もっと高い志を持つ必要があるのではないかということだった。もちろん、自分が『万葉集』において、こんな高いレベルの訳注ができるとは思わないにしても、志は持つべきではないのか、と思ってしまった。

全国の文学部の学生諸君に告ぐ。訳注を見よ。教養とは、こんなに深遠なものなのだ(2)。

[2] 丁寧にして大胆。大胆にして深い。私も、そんな仕事がしてみたい。

漱石という交差点

原武 哲・石田忠彦・海老井英次編
『夏目漱石周辺人物事典』
笠間書院、二〇一四年

「三流の英文学者で、小説も書いていた漱石は、大化けしたもんです。今や近代を代表する小説家になりましたから」という歴史学の老教授の言葉を今も覚えている。[1] 私が大学生だった30年以上も前の話だ。かつては、そんな評価もあったのである。今回、この事典を読んで、漱石の謦咳《けいがい》に接した人びとが、少なくとも昭和の末年までは生きていたことを知った。今から考えてみると、漱石を同時代人と語っていた老教授が、まだ三十年前は現役だったのである。[2]

本書は、漱石をめぐる人物事典。有名無名の百三十八名が、漱石という交差点を右に左に往来する。その個性的なこと。私は、生まれてはじめて、一冊の事典を通読してしまった。読んで、いくつか、思ったことがある。一つ

1 この老教授は、漱石のことを、猫で売れた人と言っていた。私は、揶揄《やゆ》していると思ったが、どうもそういう気持でもないようだったのが、いまから考えておかしい。まさに、同時代感覚というべきものか？

は、漱石は就職について、あらゆる伝手《つて》を頼ったが、結局、一高東大のラインで人事が動いたということである。次に思ったのは、漱石をはじめとする当時の大学教授のライフ・コースについてである。当時は、一生に一度、留学チャンスがあり、その後は一生安泰となった。漱石の洋行は、決して成功とはいえなかったが、あとは悠々自適なのだ。(3) だから、ドイツ語教師ながら、書画で一流の文人にもなることもできたのだ。現在は、公平な教授選考が行われているが、論文の点数主義に右往左往して、皆小粒になった。一方で、彼らは就職の斡旋をしあい、友人同士で多額の金の貸借をした。さらには、家族同士の縁談などで濃密な関係を結んでゆく。閨閥だ。しかし、それは、時として、人間的な軋轢《あつれき》をも生む。漱石も、そういう人間関係に苦しんだひとりなのであった。(4)

大好きになったのは、羽織袴で椅子に正座して、ドイツ語を教えた菅虎雄《すがとらお》(一八六四―一九四三)だ。菅が先輩で、漱石の就職の世話もしてやるのだが、時に菅は漱石に甘えることもある。(5) そして、なんといっても、魅力ある人柄に、いつか小説を書いてみたい、と思った。

2 こういう本を、五十四歳で書いていることが、なんとも不思議でならないが、私も昔語りをする歳となったのだ。

3 その意味では、輸入学問も、一生勉強ということになったということだろう。つまり、「あがり」がないのだ。

4 個人の意思や決定が重要視される社会は、強者には快適かもしれない。

5 まさに、魅力あふれる御仁という感じだ。

夢と体の博物誌

『夢想と身体の人間博物誌　綺想と現実の東洋』
張　競
青土社、二〇一四年

身長百六十六センチ、体重七十八キロの私は、高脂血症だ。たしかに、忠告はありがたいし、痩せたいが、痩せろといわれると不機嫌になる。かつての宗教の位置に、今日では科学があるから、科学的根拠に基づいて、健康体というものがイメージされるのだ[1]。一方、その私に、夢は何ですかと問う人があったら、なんと答えよう。無事停年と老後の健康か。まぁ、なんとつまらぬ男なのだ。私という人間は。

本書は、夢と身体をめぐる東洋文化論で、イメージと想像力の博物誌である。読了して思ったのは、いつの時代も、人は理想の身体を求め、理想の恋愛を夢見ていたということである。そこは、手だれの著者だ。著者の手にかかれば、かの楊貴妃も、毛沢東の妻・江青女史も、蒋介石の妻・宋美齢も同

[1] 科学も、宗教も一つの説明の体系であるという点については同じだ。宗教観で宇宙を説明するのか、科学で宇宙を説明するのか、という違いでしかない。今、私たちは、仏教の須弥山世

じまな板に載る。三人とも、国の将来を危うくするほどの美貌の持ち主であった。東洋では、このような人物を「傾城《けいせい》」「傾国《けいこく》」という。中華世界には、美女が帝王を翻弄して、国を危うくするという物語の伝統がある。(2) すると、江青や宋美齢を批判する時には、その歴史的文脈が利用されることになる。とすれば、長恨歌も、源氏物語も、「チャングムの誓い」も同じ文化伝統の上にある物語ということになるのではないか。だから、美女を論じるにも、拷問を論じるにも、はたまた死を論じるにも、そういう東洋の文化伝統を踏まえる必要があるというのが、本書の主張である。

一方、『山海経《せんがいきょう》』をはじめとする中国古典には、身体の特定の部位が長大な空想の人間が登場する。それは、異界の人びとの身体であった。理想の身体もあれば、空想の身体もあるのだ。

著者と対談がしたい——。私は、最初にこういうだろう。「張先生、かつて、中国では大きく突き出た腹が、知恵と包容力を象徴する文化伝統があり、荘子などの図像も肥満体ですよねぇ。それも、理想の身体の文化伝統に基づくものですよねぇ(3)」と。

界よりも、素粒子論や遺伝子論を信じている。とすれば、素粒子論と遺伝子論は、現代人の宗教なのだ。

2 人物関係を単純化して、知っている物語と同一視して理解しようとする心性である。

3 とある資産家に、最高の贅沢を尋ねたことがある。それは、力士の集団を引き連れて、高級クラブを梯子することだ、とその人は答えた。私は閉口したが、人びとから向けられる羨望の視線が快感なのだという。大きいもの、強いものへのあこがれの一つのかたちであろう。

深奥を見つめる心、古代を見つめる歌

前登志夫

『前登志夫　全歌集』

短歌研究社、二〇一三年

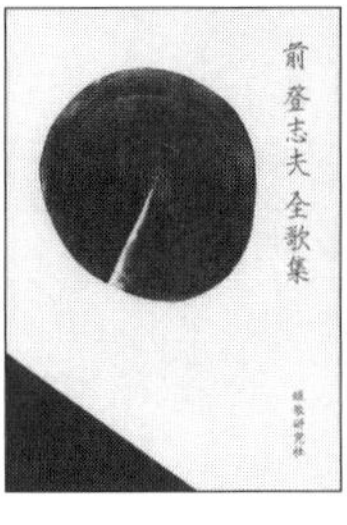

二度ほど、同席したことはあるが、なぜか私は、著者と話をしなかった。[1] この人と話すと、自分の心の虚飾がすべて見透かされるような気がして、話すのを恐れたのである。なぜか、そのやさしい眼を、私は恐れたのである。

前登志夫（一九二六―二〇〇八）は、日本の伝統詩を継承しつつ、独自の世界を切り拓《ひら》いた歌壇の重鎮であった。本書は、第一歌集『子午線の繭』（一九六一年）から、第十一歌集『野性の聲』（二〇〇九年）までの全歌集を一冊にまとめた本であり、拾遺・年譜・初句索引などがついた大著。総頁数五百八十二。つまり、一歌人がその生涯に渡って発表し続けた、ほぼすべての歌を本書で読むことができるのである。こういった本が、没後に出版できたのは、前が作った結社の絆があるからであろうが、そこには、前の作品と人間の魅

[1] にこにことした好々爺なのだが、どこか恐い感じがしたのである。

力があるからに違いない。

　読了して、前が造形しようとしたのは、風土や歴史を作った人の心の奥にある情念(2)のようなものだ、と思った。釈迢空《しゃくちょうくう》（折口信夫）の影響を受けて、自らの住まう大和の文学・万葉を学び、民俗学を学んで、自分が今、立っているところを見つめた歌。前川佐美雄の影響を受けて、日本的なるものへの共感を歌いあげた歌。でも、そんな評は、矮小《わいしょう》化した見方だと思う。『子午線の繭』に、「蝕《しょく》」と題する歌群があるのだが、その冒頭に題詞があり「大和盆地の／茫茫《ぼうぼう》とけぶる夕映／氣狂ひし男に晩夏は捧げる／血を充《み》たした洗面器を」とある。そして、有間皇子（六四〇―六五八）への挽歌《ばんか》が歌われ、ビルマで死んだ兄への挽歌が続く。その歌の一つに「踊る埴輪《はにわ》のいくつ砕《くだ》きて鎮《しづ》めこし自畫《じが》像は夜の石に彫り」とある。「血を充たした洗面器」を捧げるくらいでないと、十八歳で憤死した皇子の霊は鎮まらないというのだ。

　万葉学徒(3)として、私が本能的に恐れたのは、それほどの思いで歌を読んでいるかということを聞かれるのが、怖かったからであろう。

2　私なりにいうと、秘めた情念の凄味のようなものか。情念とは秘めれば秘めるほど凄味を増す。

3　基本的に戦後の万葉学は、解釈学である。研究者たちは、解釈の精度を競い合うのである。しかし、大切なのは、そこから何を得たかということではないのか。だから、薄っぺらな学問をしている私には、恐いのである。

短歌の今

若くして、その才能が認められた人は、不幸である。しかも、それでいて、美貌の人は、もっと不幸かもしれない。なぜならば、人びとは、いつまでたってもデビュー作を想起するからだ[1]。

本書は、著者の第五歌集で、Ⅰには、震災から現在に至るまでの歌々。Ⅱには、第四歌集から震災前までの歌々が集められている。つまり、俵万智という歌人の「今」と「ここ」が示されているのである。

書名は、「『オレが今マリオなんだよ』島に来て子はゲーム機に触れなくなりぬ」からつけられている。息子とともに避難した島での生活を歌ったものだ。どうやったら、子どもに日常を取り戻してやれるのか。どうやったら、自己の日常を取り戻すことができるのか。俵は、自問自答を続ける。「今だ

[1] もちろん、こういう表現の向こうには、醜男《ぶおとこ》で非才の「私」がいる。

俵 万智
『オレがマリオ』
文藝春秋、二〇一三年

けはいつもの時間にっぽんの昔話を子に読んでやる」の「今だけは」に込められた思いが、その時の母としての思いだったのであろう。

「ニワトリが足元にいる中庭でレモングラスのお茶をいただく」には、島で日常を取り戻した私がいる。非定形で散文調の歌々には、日常を希求する思いが込められている。(2)

一読して思ったのは、自らの日常を歌うことの難しさである。旅の感動を歌うのは、たやすいが、それが自己の日常となると急に難しくなるのではないか？　というのは、あらためて自分で自己を発見しなくてはならないからだ。そういう作業を俵さんは、日々されているのだ、と思う。

[2] じつは、歌は感動や非日常での感慨を原動力として作られるものなので、日常を何気なく歌うことの方が難しいのだ。

村上春樹をどう論ずるか？

一読して、口をついて出た言葉がある。「はぁー、こりゃ、柳田國男の『明治大正史 世相篇』（朝日新聞社、一九二一年）の現代版かぁ」という言葉である。つまり、著者二人は同時代人として、世相と重ね合わせて、徹底的に村上春樹作品を読もうというのである。(1) もちろん、私のような者から見ても、あまりにも深読みで、そこまで考える必要もないのではないか、と思うところはあるのだが、同世代を生きた私たちは、全共闘とその後の時代と重ね合わせながら、こう読み解きました。酒鬼薔薇《さかきばら》少年事件と重ね合わせて、こう読めるのではないでしょうか、と読みの可能性を探っているのである。一九五七年生まれの重里と、一九六二年生まれの三輪が、時代を生きた感覚で読み解きたいと意見を交わしている。

重里徹也・三輪太郎
『村上春樹で世界を読む』
祥伝社、二〇一三年

[1] つまり、世相を重ね絵とした場合に見えてくるものを論じているのである。

私が本書を、村上作品を通じた世相解説と位置付けた理由も、ここにあるのである。作家の生い立ちから読む方法、作品を社会的言説[2]の一部として読む方法の二つの方法があるとするなら、本書は後者である。評者も、対談に割って入りたくなった。「なるほどぉ」「違うんじゃないですかぁ」と。

私は、古代文学を研究しているが、基本的には、今生きている人びとに対して、研究活動を行なっている。今なのだ。今、自分が、今の時代に何を問うかということを忘れてはならないと肝に命じている。もちろん、世相解説など、学者の仕事などではない、という人も多いだろう。しかし、私は、たとえ古典学者であっても、自らの生きている今を語る義務がある、と思う。

[2] 言語化するということ自身が、思考の社会化のプロセスだが、さらに発せられた言説が社会においてどう機能するかも、文学研究の大きな課題である。

同時代を生きるものを作るということ

私の国文学史の授業では、「さて、源氏物語は、宮廷内において、大変な成功作となりました。一つの作品が成功すると、その影響を受けた作品群が形成されますが、例えば……」などと話している。[1]

時は、一九六〇年代から七十年代のはじめ。東映には時代劇の役者とヤクザ映画の役者たちがいた。本書は、その役者たちを人材資源として活用しつつ、A級映画に合わせて上映するB級映画を作った男たちの青春物語である。もちろんB級だから、時間も予算もない！[2] 男たちは、まず全裸になることのできる若い女優を捜して、艶笑映画を作った。本書によれば、ポルノという言葉を日本に定着させたのは自分たちだという。次に、暴力もの。そして、アクションものだ。

鈴木則文
『東映ゲリラ戦記』
筑摩書房、二〇一二年

[1] もちろん、ここは『夜半の寝覚』のような平安末期物語を意識して書いている。

彼らは、常に二匹目のドジョウを追い、新人女優の成長に合わせて映画を撮った。が、しかし。なんと、日活がロマンポルノ路線に！　けれど、彼らは「庇《ひさし》を貸して母屋を取られる」のは宿命と落胆などしなかった。池玲子、杉本美樹という名を聴いて、ピンときた人には、せつない本となろう……。

二代続く碩学の家。先ごろ、その二代目の大家を自称する老先生と話す機会があった。父は、谷崎潤一郎の愛読者で、全集も買っていましたが、死ぬまぎわにこう言いました。全集はこっそり処分せよ。俺が谷崎の愛読者であったことは、伏せてくれ。あんな「ナンパ」なものを読んでいたと知られては、末代までの恥だ、と。私は、同時代における一つの谷崎評価を知った思いだった。蛇足を加えれば……。

2　マンネリには、よいマンネリと悪いマンネリがある。よいマンネリは「定番」で、「お約束ごと」である。悪いマンネリは、少し見て興味を失うものだ。

消費される男たちの物語

こういう本を書評に取り上げてよいか、今も悩んでいる。(1) 興味本位に読まれている部分もあるし、性の商品化そのものの是非も問われよう。ただ、私が本書を取り上げた理由は一つ。激しく消費されてゆく、男女の姿がリアルに描かれているからにほかならない。

本書によれば、現在プロダクションに登録されているAV女優はおよそ一万人。対して、AV男優は、七十人。AVは、日産百五十本の割合で市場に供給されているという。読めば、その理由はすぐに氷解する。つまり、AVとは男優が鋳型、女優が流し込まれる羊羹のようなかたちで大量生産されているのだ。つまり、男優は耐久消費財で、女優は短期的に消費されて、市場から撤退してゆく構造になっているのだ。

『「AV男優」という職業　セックス・サイボーグたちの真実』
水野スミレ
角川書店、二〇一三年

[1] この書評は書き下ろしである。折口信夫を敬慕する私としては、やはり活字化しておきたい、と思う。

だから、その現場というものは、肉体という限りある資源を、いかに効率よく一定の時間内にお金に換えてゆくかということが、追求される場所なのである。(2) つまり、現場で男たち女たちは、人生の時間と格闘しているのだ。が、しかし。そこは人間、恋が芽生えてしまうこともある。そういったAVの裏側を、著者・水野スミレは、女目線でインタビュー形式で描いているのである。じつは、こういった本はこれまでにもあった。ただし、その場合、聞き手は特定の男優と一対一で向き合って、心の深部にあるものを職人芸で拾い上げてゆくものばかりであった。対して、水野の採った方法は、そのほとんどの男優にインタビューし、また複数の男優で座談会を試みるという方法だった。一対一の場合、聞き手と語り手は、時として無意識のうちに共同で嘘の物語を作ることがある。しかし、これだけ、同業者が集まると、嘘がつけないのである。ここに、本書の特徴がある。

かつて、折口信夫は、宿業を内に秘めて差別のなかで生きた芸人の世界を描いた。男優の家族の話を読んで、評者は折口のことを思い出した。(3) ちなみに、ヌード写真は……一点もない。

[2] このあたりは、「おもしろうてやがてかなしき鵜舟哉《うぶねかな》」（芭蕉「あら野」）という感じだ。

[3] 四十代中葉から、私は、折口の弱者へのまなざしに、畏敬の念を持つようになった。

風来坊の記憶の海

『とこしえのお嬢さん　記憶のなかの人』
野見山暁治
平凡社、二〇一四年

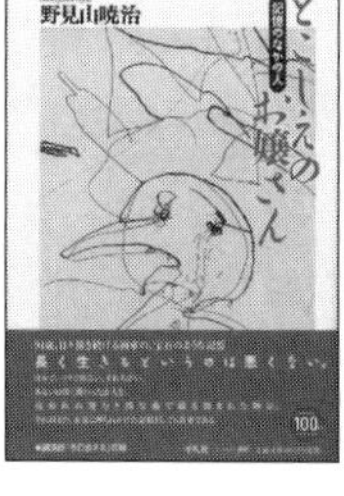

よくまぁ、こんな風来坊(1)に大学の教師が勤まったもんだなぁ、というのが読了後、ふと口をついて出た言葉だった。でも、私が画学生なら、著者に習いたい。この人には、画伯とか、画家などという名称はふさわしくない。ふさわしいのは「絵かき」だろうか。

洋画壇の長老によるエッセイ集だ。有名、無名の人びとの出逢《であ》いと別れが、茫洋《ぼうよう》と書かれたエッセイ。そのとりとめのないところ、力こぶの入っていないところが、すごいエッセイ集なのだ(2)。デカダンスな生活の果てに、散っていった戦没画学生たちへの思いが、とめどない文体によって語られている。その寂寥感《せきりょうかん》のなんたること。そして、終戦後の厳しい絵かきの生活。はたまた女たちとの出逢い。画家修業にフランスに渡ったのが一九五二年。あこ

1　何かのために生きているのではなく、何かわからないものを求めて生きる生き方をする人を、ここでは尊敬の念を込めてこう呼んだのである。古くさい言い方なら、風狂の士か？

がれて、あこがれての洋行であった。[3] ところが、パリで東洋美と出逢って、帰って来たのが六四年。私にいわせると、エコール・パリも終わったころに、遅れてやって来た風来坊である。[4] そのエピソードの数々は、芸術と女と貧乏の物語。

フォービスム〈野獣派〉の絵は、熱い血のほとばしり、生のほとばしりであるが、その旗手が老いぼれた時、どうなるのか。私は膝を打った。青春の閃光《せんこう》も、老いとともに消えゆくものなのだ。長生きしたとしたら、ゴッホの晩年やいかにと思って、私は途中でにやりと笑った。

経験というものは時とともに重ねられてゆくものである。ところが記憶というものは、時系列で整理されているものではない。一日前に逢ったのに忘れる人もいれば、何十年も昔、一瞬しか逢ったことがないのに、一生忘れられない人もいる。昔も今もなく、残ってゆくのはイメージだけである。その記憶も年とともに薄れてゆく。この本を読むということは、著者の記憶の海、それも夜霧の海をいっしょに彷徨《ほうこう》することである。よくもまぁ、こんな風来坊に文化勲章。いや、よくぞ本物の絵かきに文化勲章。

[2] 脱力型と私は呼びたい。まず、起承転結がない。あるのは一種の浮遊感だけなのである。

[3] セザンヌも、ゴッホも、名前は知っているし、写真も見たことはあるのだが……誰も本物を見たことがない、という時代の話である。

[4] 印象派から新印象派、そしてエコール・パリへというような方向感のある芸術運動の時代では、もうない。方向感のない時代にパリで絵かき修行をしたのである。

国語学者はガンとどう向き合っているのか？

どんなに同業者から馬鹿にされようと、心に決めたことがある。それは、中学生でもわかる文章[1]で、論文も書くということだ。そんな時、参考としたのが、著者の文体だ。その著者が、今ガンと向き合って暮らしていることを、本書で知った。日本でもっとも著名な国語学者は、自分の言葉で、ガンと向き合う日々を綴っているのだ。

ガンとわかったその日から、著者の生活は一変する。どうやったら、研究生活と治療が両立するのか、著者は治療方針を選択してゆかねばならなかった。なるほど、今日の治療は、自らのライフ・スタイルに合わせて患者が選択してゆくものなのだ。情報もネットで容易に入る時代だ。その著者が最後に頼ったものは？　人脈と評判、そして勘とも相性ともいうべきものだった。

『大学教授がガンになってわかったこと』
山口仲美
幻冬舎、二〇一四年

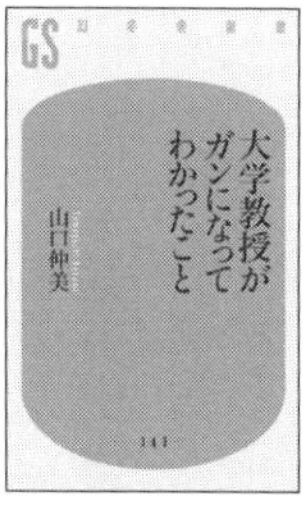

[1] 豊富な事例から、適切で、はっとさせる事例を見つけ出して分析し、楽しく読ませる著者の文体に、私はあこがれている。軽くて、楽しいが、正確で深いのだ。

まるで結婚相手を選ぶようなものだ。決断次第で、その後の人生が変わるという一点において同じだ。文章にすれば、たわいもないこととなってしまうのだが、病院の印象というものは、注射の針の刺し方、看護師の一言で変わってしまう。勘といえば勘だが、人は人生の大切な時、勘に頼るしかないこともあるのだ。

さて、本書でいちばん切なかったところはどこかといえば、著者のいうコウベエ先生[2]との出逢いと別れの物語だ。ラグビーの選手のような体格で、とにかく頼もしい。年は五十代前半。心技体、今が盛りの医師なのである。著者は、全幅の信頼を置き、自らの体をコウベエ先生に委ねることに。が、しかし。コウベエ先生は、患者とのコミュニケーションを取ることが下手なのであった。抗ガン剤治療に入ると著者と心の溝は深まるばかり。ついに著者は、コウベエ先生の元を去る決意をする。ところが、医師が変わると、あの辛かった治療も受けられるのだ。それは、言葉の学者[3]が、言葉の大切さを痛感した一瞬ではなかったのか？　気は重いが、少し心晴れる一冊だ。

2　固有名詞を与えることで、一つの物語として語るのは、一つの語りのスタイルだろう。ここは著者の工夫の一つだ。

3　こう書くと、技術のように見えるが、技術ではなく、心だろう。が、しかし。心を伝える技術もプロなら磨くべきか？

I

3

文学と文化

古典世界への回路

言語というものは、それを使う人間の生活と伴にあるものだから、生活の歴史と伴に変化する。と同時に、降り積もる雪のように蓄積してゆくものである。私たちは、この遺産を利用して、言葉を操っているのである。(1)

先般、旧知の韓国人の古典学者に、ＩＴと英語教育では、日本は韓国に完敗しましたねと言ったら、意外な答えが返ってきた。いや、漢字教育を等閑視した結果、漢字文化圏の国々との意志疎通が難しくなっただけでなく、今や漢文で書かれた韓国の古典文献を読むことができなくなりつつあります。つまり、自分と過去を繋ぐ回路が切れてしまったのです、と。(2)

うむ——。日本人の漢文力も落ちているが、事態はもっと韓国の方が深刻なのか。もちろん、グローバル化した社会においては、古典や歴史と無縁に、

『新釈漢文大系』
全百二十巻（別巻一）〔既刊一一五冊、未刊六冊〕
明治書院、一九六〇年〜

[1] ここは、本書を貫く考え方である。冒頭にも述べた。

[2] 私のイメージでは、韓国は日本の近未来を示している国だ

地球市民として生きるという選択肢もあるだろう。

が、しかし。言語も生活も、歴史的存在だから、過去と無縁にというわけにはいかないのだ。新釈漢文大系全百二十巻・別巻一は、日本人と中国古典世界とを繋ぐ回路なのであって、私は命綱とさえ思っている[3]。というのは、恥ずかしい話だが、古典学徒を標榜する私も、この全集がないとチンプンカンプンなのだ。

原文が掲げられ、書き下し文があり、訳文がある。この訓読という作業こそ、日本人が、一四〇〇年積み上げてきた知の結晶なのであり、日本文化の巨大な遺産なのだ。外国語で書かれた文章を自分たちの言葉で理解する。それも、外国に行かずに。英語や独語の用語を巧みに漢語化できたのは、過去千年を超える漢文訓読の訓練のお蔭なのである。だから、漢字文化のご本家より、より早く用語の漢語化が、日本において進んだのである。したがって、新釈漢文大系は、現代日本人が継承すべき知の遺産なのである。

新釈漢文大系の第一巻の『論語』の刊行は一九六〇年のこと。半世紀に及ぶ大事業なのだ。しかし、あと完結まで十冊を切った今となっても、さらに数年はかかるという。もし、公立図書館で、新釈漢文大系が配備されていな

と思う。だから、学ぶところと、二の舞を踏まないように注意すべきところを、よく見るべきだと思う。日本より速いスピードで進んだグローバル化。その一方で高揚する民族主義。さて、われわれは、同じ道を辿るのだろうか？

[3] 私は、反グローバル主義まではゆかなくても、グローバル化の速度を遅くすべきだと考えている。俗っぽくいうと、「まぁ、しょうがないけど、急いでやることはない」という立場である。

いのであれば、未完結であっても、配備してほしい。新釈漢文大系のない図書館なんて……[4]。

先月、『史記』十四が出て、その全巻を活字本で読むことができるようになった。歴史を学ぶことの意義が、人間の未来のためであるならば、史の本願とするところは、人の生き方を描くことにあるというのが、司馬遷の考え方である。つまり、『史記』は、歴史に学ぶ生き方全集なのである。

最後に、『論語』の大好きな一節を、いつもの上野節で。

子貢が言った。「孔子様、私は貧しくても、媚びへつらうことなく、金持ちになっても、驕《おご》ることのない生き方が、立派だと思うんですけどねぇ?」と。すると孔子は、「まぁ、及第点だが、上等じゃねえなぁ。貧しいのなら、貧しさを楽しむくらいじゃないと、金持ちになっても礼節を楽しむくらいじゃないとね」。つまり、孔子は主体性、積極性のある生き方を好んだのである。私には、聞こえてくる。貧しい時には、貧しさを楽しめるくらいじゃないと、おめえさんの人生、本物じゃねえなぁー、と。

ここからは、後日譚。

④ こういう本こそ、図書館に配備すべきで、そこに私は公共性がある、と思う。

以上の文章が、新聞紙上に発表されてから、数十通の手紙と、その倍くらいのメールが研究室に飛び込んできた。『論語』のこの一節が、どこにあるかわからないから、教えて欲しいというのである。私はなるほど、抄出本だから省略されて載っていないのかと一時は思ったが、違っていた。

ネット上で本文を捜したいので、返り点のある本文か、書き下し文が欲しいというのである。一部でも本文があれば、ネット検索します、というのだ。読みたいのは読みたいが、ネット上でということらしい。難しい世の中だ。ライターのひとりとしては。本が売れないはずだ。

子貢曰、貧而無諂、富而無レ驕何如。子曰、可也。未レ若二貧而樂、富而好レ禮者一也。子貢曰、詩云、如レ切如レ磋、如レ琢如レ磨、其斯之謂與。子曰、賜也始可二與言一レ詩已矣。告二諸往一而知レ來者。

子《し》貢《こう》曰《いは》く、貧《まづ》しくして諂《へつら》ふこと無《な》く、富《と》みて驕《おご》ること無《な》きは何如《いかん》と。子《し》曰《いは》く、可《か》なり。未《いま》だ貧《まづ》しくして樂《たのし》み、富《と》みて禮《れい》を好《この》む者《もの》には若《し》かざるなりと。子《し》貢《こう》曰《いは》く、詩《し》に云《い》ふ、切《せっ》するが如《ごと》く、磋《さ》するが如《ごと》く、琢《たく》するが如《ごと》く、磨《ま》するが如《ごと》しとは、其《そ》れ斯《これ》を之《こ》れ謂《い》ふかと。子《し》曰《いは》く、賜《し》や始《はじ》めて與《とも》に詩《し》を言《い》ふ可《べ》きのみ。諸《これ》に往《わう》を告《つ》げて來《らい》を知《し》る者《もの》なりと。

漢文教育改革案

拝啓、安倍晋三内閣総理大臣殿[1]。私を是非、文部科学大臣に任命して下さい。私は、わが国の古典教育を抜本的に改革します。基本的に、古文と漢文は、訳文で授業をし、「なり」が伝聞・推定の「なり」か、断定の「なり」かなどという瑣末《さまつ》なことは中高では教えません。一方、中高一貫の古典読本を作って、暗誦《あんしょう》させ、覚えた文の数を通知簿に記します[2]。

さて、その漢詩の部分については、本書の訳文を採用したいと考えております。漢文は、原文に記号をつけて、それを古典文で読むわけですが、返り点の位置をどう打つかなんて、学者に任せておけばよいことです[3]。原文を読むのも大変ですが、それをさらに古典文の書き下し文にして、その古典文を解釈させることが、ほんとうに中高生に必要でしょうか。本書の編著者にか

足立幸代編著、三上英司監修
『気ままに漢詩キブン』
筑摩書房、二〇一四年

[1] この書き出しは、賛否両論あって、私もやりすぎたかなぁ、と思っている。反面、支持、不支持でみると、支持が七割を超えた（届いた手紙、数ダース）。

[2] たぶん、戦後の国語教育は、こういった学習法の形骸化に対

かれば、「水を渡り／復《ま》た水を渡る／花を看る／還《ま》た花を看る／春風／江上《かうじやう》の路／覚えず／君が家に到《いた》る」は、「水をわたり／また／水をわたり／花を見て／また／花を見る／そぞろ歩くは春風が吹く川べりの道／いつのまにやら／あなたの家」となります。こんな楽しい詩を知らずに、死んでゆくとすれば、この日本に、この東洋に生を受けたかいがないというものです。さらに編著者は、独自のイラスト[4]で、中高生の心に漢詩の気分を伝えようとしています。

じつは、こっそり言いますが、私を筆頭に、日本の古典教師の実力は驚くほど低下しています[5]。だから、定番教材を、教師もよくわからないまま毎年授業しているのが現状です。私たちは、学問として漢詩を訓読し、解釈してきました。しかし、もともとは、詩は思いを伝えるものですから、恋の詩を読めば、その詩の言葉に、胸がキュンとするものでなくてはならないはずです。編著者は、そういうキュンとくる感覚を、今の自分たちの言葉で、私たちに伝えようとしているのです。私は、本書の教科書採用を熱望するものです。以上。

敬具

する反省に立って、心情の読解に重きを置いたものになっているのである。

[3] 訓読というものが、一種の便法であることを、もっと教えるべきではないか、と思う。

[4] 不思議な味わいのあるイラストである。

[5] ネット上で、「自虐系書評で有名な上野誠が……」と書かれたが、いわれてみると、日常会話でも、自虐ネタを好む性が、たしかにあるようだ。自分で自分を笑う自分を見るのが好きな……ナルシストかもしれない。

歌の国、日本へ

節分[1]の夜のこと、研究室に突然の来訪者があった。訪ねて来た老紳士は、私にこう言うのである。万葉学者の上野先生に、たってのお願いがあります。封筒のなかに小切手を入れて参りましたので、日本の古今東西の歌を集めた選集を作って下さい、と。老人は、私に封筒を手渡すやいなや、すぐに研究室を出てゆくではないか。かの老紳士は、去り際に、「日本は歌の国です。歌のために役立てて下さい」と一言。あとに残された私は、封筒の中身を見て、あっと叫んだ。額面六十億円！　それから、六日間も徹夜して考え抜いたあげく、私はとりあえず、六百人の歌人を選び、一人一冊ずつの選集を作ろうと考えた[2]。もちろん、最初は柿本人麻呂からだ。石川啄木と若山牧水はすぐに決定したが、そうそう寺山修司は欠かせないか。一方、沖縄の歌謡の

[1] ここは、四月一日のエイプリルフールでもよかったが、私はあえて、鬼の来る夜。来訪神の来る節分の日を選んだ。

和歌文学会監修
『コレクション日本歌人選』
全六十冊、笠間書院、二〇一一年〜二〇一三年

「おもろさうし」が入るとこのシリーズの特色が出るだろう。「おもろさうし」が入るなら、アイヌの歌「ユーカラ」を入れないわけにはいかんだろう。

待てよ、歌を羅列しただけでは、ちんぷんかんぷんだ。現代歌人の塚本邦雄だって、こりゃ注釈がないと読めないぞ。だったら、古典和歌も現代和歌も、「大意」をつけて、語釈も入れてもらい、一首一首に鑑賞文を入れてもらおう。これなら、中学生でもわかるはずだ。今までに出た詩歌全集のなかにも語釈がついたものはあるにはあった。が、その語釈が難しいのだ[3]。そうだ、「略年譜」「解説」が入ると、その歌人の人生を辿ることもできるぞ。しかし、その分、収載できる歌の数は少なくなってしまうから、今後の読書のために「読書案内」もつけよう。

でも、それだけで、歌の味わいは伝わるだろうか？　よし、付録に、その歌人にまつわる珠玉のエッセイを入れた方がよいかもしれないぞ。このエッセイは、楽しめる読み物ということにしよう。一冊は百二十頁から百三十頁で、手のひらサイズなら、旅行に持ってゆくこともできる。歌の歌われた場所に立って、口ずさんでほしいものだ。

こうなると執筆者を選ばなくてはならないが、はてどうしよう。ここは、

[2] ここも、いっそ嘘八百で、八十、八百でもよかったが、刊行巻数六十冊にちなんでいる。

[3] 明治書院の『和歌文学大系』があるのだが、こちらは、専門家向きである。

学界からその歌人の研究を専門とする研究者に書いてもらうのがよいだろう。もちろん、最高の研究水準を踏まえてほしいのだが、中高生にもわかるように書いてほしいものだ。さぁ、はじめるぞ！　と思った瞬間、夢から覚めてしまった。

六十億と六百冊を信じた読者はいないだろうが……このたび国文学専門の笠間書院の「コレクション日本歌人選」全六十冊が完結した。その最後の配巻は、小野寛『大伴家持《おおとものやかもち》』と篠原昌彦『アイヌ神謡ユーカラ』だった。家持は、『万葉集』の編纂にも関わった奈良朝の歌人であり、「ユーカラ」はいわば口から耳、耳から口へと伝えられてきた歌だ。歌といっても、やはり広い。ちなみに、大学で国文学史を講じている私の知らない歌人はいなかったものの、正直にいうと、六十冊のうち、歌が一首も思い浮かばなかったのが、じつに三十四冊もあった（いやはや、お恥ずかしいかぎり）。

そこで、私なりに意外な楽しみ方を示そう。『源氏物語』のストーリーを和歌で追うなら高野晴代『源氏物語の和歌』。下手な要約本より、だんぜんわかりやすい。もし、お茶をやっている人なら加藤弓枝『細川幽斎』、まさに茶の心だ。おいおい、そんなのありなのと笑ってしまうのが植木朝子『今様』と大内瑞恵『木下長嘯子《ちょうしょうし》』。伝統に反逆する精神がある。こういうシリーズがなければ、たぶん一般書として出なかったと思うのが小林大輔『頓阿』や日比野浩信『二条為氏《ためうじ》と為世《ためよ》』、豊田恵子『三条西実隆《さんじょうにしさねたか》』などである。いずれも、文学史上では重要な人物ながら、一般に紹介されるチャンスは稀なのだ。[4]

　歌会始にあれほどの応募があり、新聞雑誌に歌壇・俳壇という伝統詩のページがある国、日本。日本は、富士山と桜だけじゃない。歌の国の本、祝完結！

4 正岡子規以前の和歌は、たしなみであり、身につけるべき芸道であった。子規以降、それは芸術として個性を競うものに変ったのである。しかし、それは一つの偏った和歌観でしかない、と思う。

言葉につく手垢とは？

問：傍線Aの「携帯」とは、具体的に何を指すのか、答えなさい。

答：電話。

何を愚かなと思っている人も多いと思うが、百年も経《た》てば、入試問題となるはずだ。じつは、言葉には原義とともに、時代や地域による偏った使用法というものがある。それは、別の比喩を用いれば、使い込まれることで生まれる手垢《てあか》のようなものだ。[1]本書は、七世紀と八世紀を生きた万葉びとの、言葉についた手垢のようなものを、一語一語に読み取ろうとする辞典である。と同時に、それは古代語に秘められた古代論理と古代思考を解き明かす読み物にもなっている。

たとえば、枕という項目を見てみよう。もちろん、それは寝具なのだが、

[1] ここは、大学で講ずる国文学史の冒頭で私がよく使う喩えである。スマートフォンがさらに普及すれば、この十年以内に、携帯＝電話もわからなくなるはずだ。ちなみに、「ポケットベル」は、今でも通じるだろうか？

多田一臣編
『万葉語誌』
筑摩書房、二〇一四年

その寝具は使っている人の魂の宿るものとされていた。古代の人びとは、魂は分割できるものと考えていたから、旅をする場合、枕に魂の一部を留《とど》めることがあったのだ。(2) だから、留守番の家人は、その枕を大切にお祀《まつ》りしたのである。つまり、枕は祭祀《さいし》の対象ともなるのである。そういうことを理解しないと、万葉歌は正しく理解されないのである。待望の辞典がようやく――。

蛇足を一つ。

もちろん、そういうことは古語辞典で調べられるのではないか、という人もいるかもしれない。しかし、いくら辞書的意味を並べても、それは言葉の手垢ではないのだ。使われてゆくうちに、歌の中だけに定着してゆく意味のようなものもあり、やはりこれは手垢としか言いようのないものなのである。

[2] 枕と同じ機能を果たすものをもう一つ挙げれば、「床《とこ》」である。

歩いて浸る歌の情感

坂本信幸・村田右富実著、牧野貞之写真
『日本全国　万葉の旅　大和編』
小学館、二〇一四年

戦後、急速に緻密になっていった『万葉集』の研究。そんななか、ひとりの男がこう言った。『万葉集』を読んで、歌われた故地を歩きましょう。その故地に行ったら、大声で歌おうじゃありませんか。さぁ、歩きましょう。さぁ、歌いましょう。その男の名は、犬養孝（一九〇七―一九九八）。多くの研究者たちは、心の中で侮蔑していたと思う。若き日の私も、そうだった[1]。

しかし、世の中は、犬養の情感あふれる語りに熱狂した。犬養以来、なぜか、歩いて学ぶための『万葉集』の入門書は、書かれなくなった。それは、犬養の著作がスタンダードになったからだ（『万葉の旅』〔改訂新版〕全三巻、平凡社、二〇〇三年～二〇〇四年。初出一九六四年）。本書は、歩いて学ぶための入門書の平成版である。ただし、犬養のころとは、研究状況は一変している。

1　実際には、二十五年前。東京から赴任してきた私を可愛がって下さったのに、この言い草は……と自分でも思う。

この三十年で、古代道路と古代の都の位置、広さがほぼ確定したのだ。これは、考古学の成果によるところが大きい。次にコンピューターグラフィックスによって、用途に合わせた地図が自由自在に作れるようになった。最新の発掘成果を踏まえた地図。それも、目的ごとに作られた地図が、ついている本なのだ。さらには、万葉故地の写真撮影をライフワークと定めた牧野貞之[2]の情感あふれる品のよい写真が、ふんだんに使われている。

しかし、本書の本領は、やはり歌の解説である。著者のひとり、坂本は、山部赤人《やまべのあかひと》研究の第一人者。村田は、実証的研究で知られ、近年は統計学を応用した『万葉集』の用字法研究で画期的業績を上げつつある研究者。この二人が歌の解釈をし、口語訳を新たに作っているのだから、ここは完璧シフトというべきところか。同業者として、ミスを見つけようと必死で読んだが、その文章に過不足がないのに驚いた。悔しいことかぎりなし！

分析すればこと足りるとするのは、研究者の驕《おご》りではないか。その歌の情感に浸ってもらってこそ、歌の研究は完結するのではないか[3]。まさに、情感が伝わってくる書だ。

[2] 入江泰吉（一九〇五―一九九二）門下で、万葉の写真撮影を集中的に取り込んでいる。

[3] 最近、その意を強くしている。近代国文学は、あまりにも冷たかったのではないか。

桜の美学の本質は……問いかける桜の書

古典学者の古典は化石だ（研究対象）。評論家の古典は干物だ（評論対象）。歌人にとっての古典はなま物だ（競争相手）。本書を読了して、そう思った。桜についてでは、いくつもの本があり、何をいまさら新書で……と手に取るまでは思っていたのだが、それは大間違い——[1]。

読み進めてゆくうちに、今、歌を作っている人は、今、ここにいる生身の自分に話が戻ってゆくのだなぁ、と思った。じつは、古典学者の私には、こういう問題設定の書は書けない。ここだけの話だが、私がなんとか語ることのできるのは、せいぜい八世紀の文学でしかなく、それ以降については何も知らないのと同じだ。なにせ、専門領域の論文だけ書けば、教員としては安

水原紫苑

『桜は本当に美しいのか 欲望が生んだ文化装置』

平凡社、二〇一四年

[1] 古典的名著としては山田孝雄『桜史』（講談社、一九九〇年。初版一九四一年）がある。

泰なのだから。しかし、歌人はそういかない。俵万智（一九六二―）の「さくらさくらさくら咲き始め咲き終りなにもなかったような公園」も、永井祐（一九八一―）の「ぼくの人生はおもしろい　一八時半から一時間のお花見」も射程に入っている。[2] そして、第十九章では、宇多田ヒカル（一九八三―）の「桜流し」、福山雅治（一九六九―）の「桜坂」も入る。著者は、「桜坂」は、恋人と逢《あ》った場所であると同時に恋人そのものの比喩でもあり、「薫る桜坂」には、藤原定家の「さくら花ちらぬこずゑに風ふれててる日もかをる志賀の山ごえ」があるのではないか、と指摘する。もちろん、深読みかと自嘲ぎみにではあるのだが。この力量こそ、著者の剛腕なのであり、私が「おぉっ」と唸ってしまったところなのである。

　桜の美を以て、日本の美の代表とし、それがいかに形成されたかを探究した研究書は存在する。逆にそれは、意図的に形成されたイデオロギーであり、ステレオタイプでしかないという研究書もある。一方、著者は、一つ一つの詩歌、物語が描こうとしている美はどこにあり、それをどう自分は受け止めたか[3]を記そうとしている。そういう本は、今までなかった――。

[2] ふとたちあらわれる日常。一回生起的な時間でありながら、共感できるのである。

[3] 〈創作〉〈評論〉〈研究〉は、今日まったく別の言語空間である。しかし、芸術研究の場合、そういう分化と分離がほんとうによかったのか、一考すべきであろう。たとえば、歌を注釈するということの半分は、じつは評論ではないのか？

引き際の美学

『引き算思考の日本文化　物語に映ったこころを読む』
橋本雅之
創元社、二〇一四年

日本文化における罪とは何か？　罰とは何か？　清浄とは？　はたまた穢《けが》れとは？[1]　なんと、深みのある日本文化論だろう。著者は、今日、日本を代表する古代文学者。

著者のいう引き算の思考とは、身を引くということをプラスの価値として評価する思考パターンをいう独自の用語である。その反対が、身の程知らずである。[2]　身の程を知って、身を引く生き方の美学を、著者は引き算の思考と名付けたのである。つまり、往生際が悪いといわれて解任されるのではなく、自らが引くことをよしとする文化について、古典の事例を踏まえて、一つの思考パターンを抽出した本なのである。

神話のスサノヲノミコトは、罪を犯したがゆえに、追放される。じつは、

[1]　もちろん、このあたりは、ルース・ベネディクトの『菊と刀』（原書初版一九四六年、長谷川松治訳『菊と刀—日本文化の型（上・下）』社会思想研究会出版部、一九四八年）に発する比較文化論を始発点とする。

かぐや姫も罪を犯したがゆえに追放され、許されて月の世界に帰ると書かれているのだ。つまり、罪を犯した者は、日本では罰せられるのではなく、追放される運命にあるのである。そして、追放された場は「穢《きたな》き所」と記されている。スサノヲもかぐや姫も、罪を犯したことによって追放されるのだが、これは身を引くことによる罪の浄化となり、潔く去ったことによって恥も浄化されるのである。しかし、身を引くことによって、罪や恥は隠されることになる。辞任をすることを条件に責任追及はしないのである(3)。

一方、身を引いた側は、穢れの世界に身を置くことになる。かつて、職人の世界で不始末をしでかした者は、業界から追放されたが、その後、身を慎めば復帰が許されていた。なるほど、汚職の疑惑が表面化すると一旦身を引いて、再び選挙に出ることをみそぎ選挙というが、これなのかと思った。

宗教学者の山折哲雄は、満開時に一気に散る桜に日本人の美学を見、俳人の黛まどかは、俳句は、言葉を削る引き算の美学だといった。そして、著者は、常に足りない状態をよしとする美学(4)が、穢れを嫌う心性に源があることをつきとめた。

2 私が一番に思い浮かべたのは、今は盛りの時に引退する宝塚のトップ・スター。さて、その本人が引退を拒否したら、いったい、どうなるのだろう。

3 多くの政治家が、疑惑を受けたこと自体を不徳のいたすところとして、潔白を主張しつつ辞める記者会見を、私は思い出す。

4 「あはれ」の美学も、ここに淵源がある、と思う。

史書を読むとは、いったいどういうことなのか

本書が最初に刊行されたのは、一九八一年。すでに三十年以上の年を経ているのだが、今、読んでも古びないのだ。この間、研究は日進月歩であったにも拘《かかわ》らずである。やはり、大家の書なのだ。一つ一つのことがらを自分で考えて、確実なことだけを、言葉を選んで記述する。[1] あたりまえのことだが、ついつい時流に乗ってしまうと、一年後に読んでも、古くなっていることがあるのだ。

例えば、こんなくだりがある。戦後古代史学の大きな成果の一つに、大化改新の詔《みことのり》は、そのほとんど大宝令の文章を転載しているから、大化当時の文ではないとし、詔の存在を否定する論がある。本書はそこを、「しかし、必ずしもすべてがそうだとも言い切れない所がある。畿内の四至の規定など

坂本太郎
『史書を読む』
吉川弘文館、二〇一三年

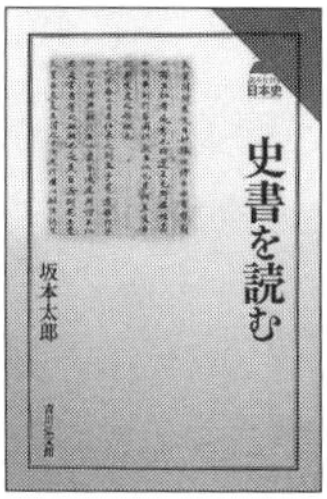

[1] かつては、大家の文体というものがあったように思う。東洋史でいえば、宮崎市定か。本書を読むと、あぁこれぞ大家の文体だなぁ、と思った。

は、大宝令文には全くない。大化の時のものとしか考えるほかはない」とさらりと述べる。確かに、大宝令から転載したところはある。しかし、大宝令にないところは、どう考えるのか？　畿内の四つの境を定めた規定などは、まずは大化改新の詔と見ておくべきではないのか。[2] 史学・文学を含めた日本学を志す学徒が、立ち帰るべき場所が示されている。

坂本太郎の時代から見ると、今日、アカデミズムとジャーナリズムの世界の垣根は低くなってきた。なかには、大学院生時代から、ジャーナリズムでの活躍を目指す学徒も多い。ただ、人文科学の場合、最低十年程度の修業期間は必要なので、まずは文献読解からスタートして、ものがいえるには、五年はかかるだろう。そういう修業時代に、本書は読まれるべき本だと思う（ちょっと、上から目線でごめんなさい）。

[2] 史料を見て史実を否定することは案外容易である。だから、史実を否定したり、史料の虚飾を指摘する論文は多い。ここは、そういう安易な姿勢を批判した部分として、私は読んだ。

「昔はよかった」をくつがえす

大人にとって、そうあってほしいという子ども像というものがある。望ましい古典像、望ましい日本像というものもある。教科書に採用されている古典は、望ましい古典像から、昔はよかったという日本像を導き出すものが多い[1]。

一方、古典研究の内的原動力の一つは、やはりノスタルジーなので、これを古典研究者の側から否定的に発言するのは、やや勇気のいることだ。私ならこう説くか。「皆さんは、感動的な作品だからよいとか、この作品には感動できない、といって作品評価をするでしょう。一方、ありのままだからよい。ありのままに語っているからよいという価値判断もあってよいはずです。

1　かくいう私の語る万葉論も、昔はよかった式のところがある。反省しなくてはならない。

大塚ひかり
『本当はひどかった昔の日本
古典文学で知るしたたかな日本人』
新潮社、二〇一四年

そういう尺度も必要だと思いませんか」と説こうか？

著者は、古典エッセイストとして、若者たちに伝わる言葉で、古典の楽しさを伝えてきた人物だ。著者は、古典に表れる捨て子、育児放棄、貧国ビジネス、介護地獄、ブラック企業、ストーカー殺人などなどを、わかりやすく解説。昔の日本は良かったのに、対して現代は病んでいるという俗論を、バサバサと斬りまくるのである。

本書から見えてくるのは、今も昔も変わらぬ病める組織や、狡猾な人間像だ。一方、著者は、それらは特異な例であったり、物語であることも、よく知っている。古典はすばらしいと、やみくもに礼賛すればするほど、古典の世界から離れてゆくことになるということを、著者はよく知っているのだ。(2)

古典を読むということは、古典と、今ここにいる生身の「私」との対話であるということを教えてくれる一冊だ。

(2) 結論が見えすぎる議論ほど、退屈なものはない。

斬新な歌人伝に何を学ぶか

『異端の皇女と女房歌人　式子内親王たちの新古今集』
田渕句美子
KADOKAWA／角川学芸出版、二〇一四年

なぜ、後代にまで高い評価を得る作品が生まれるのか。基本的に文学研究は、個人の才能開花ということで、これを説明しようとする。が、しかし。特定の個人が、活躍の場を得て、作品を発表できるということは、社会や環境の問題である。[1] 本書は、中世和歌研究の権威による式子内親王論だ（一一四九―一二〇一）。私は、詳論を期待して読みはじめたのだが、それは冒頭でみごとに裏切られる。前後二百年をはさんだ巨視的視点で本書は語り出されたからだ。著者のいう「職業人としての女房たち」の誕生から語りだされるのには、わけがある。それは、皇女と宮廷に仕える女官すなわち女房たちのおかれた環境こそが、『源氏物語』を生み、式子内親王の歌を生んだと考えるからだ。彼女たちは、宮廷内でさまざまな役職をこなす職業人であるとと

[1] ここは、文学史記述の難問だ。だから、私は、この点が気になってしかたがなかった。人が歴史を作るのか。歴史が人を作るのか、というあの永遠の命題である。

もに、パトロンの庇護のもと自らの才能にかけるいわば芸能人集団(2)でもあった。著者は、一条帝と藤原道長と、鎌倉時代初めの後鳥羽院時代を重ね合わせるのである。一条帝・道長なくして『源氏物語』なし。後鳥羽院なくして、式子内親王なし、と。後鳥羽院という偉大なプロデューサーの期待に応えた内親王。権謀術数の宮廷生活の浮き沈みのなかで、言葉を磨きあげる内親王。その背後には、才芸で院の寵愛を競い合い、自らの宮廷内での地位を築き上げる冷たい戦いがあったことを教えてくれる。

偉大なるプロデューサーは、高い見識を持ち、家柄・身分に関わりなく、才能のある者を抜擢した。一方、才能というものが、公平無私に評価されると知れわたると、才能を磨いて、プロデューサーに見出されようと競争がはじまる。(3)第三章以降は、歌でその地位を築いていった女房たちの列伝で、式子内親王の人生と重ね合わせてみると、その時代というものを立体的に捉えることができる。読了後、額田王《ぬかたのおおきみ》(4)も、式子内親王と同じ境遇にいた歌人と思ったが、こちらは残念なことに、史料がない——。

2 英明なる帝王のもとには、自ずと才媛と君子が徳を慕って集まってくる。だから、才媛と君子を集めることが、帝王の徳の大きさを示すと考えられていたのである。それは、徳による政治の理想のかたちだと、東洋では考えられていたのである。

3 乱暴な議論だが、高校野球も、バイオリンコンテストも同じである。人材を発掘するシステムがあるからこそ、スターは生まれるのである。

4 ここは、いわゆる『万葉集』の宮廷歌人論。一九七〇年代から、この議論が盛んになった。

熊野、堆積した土地の記憶

『熊野、魂の系譜　歌びとたちに描かれた熊野』
谷口智行
書肆アルス、二〇一四年

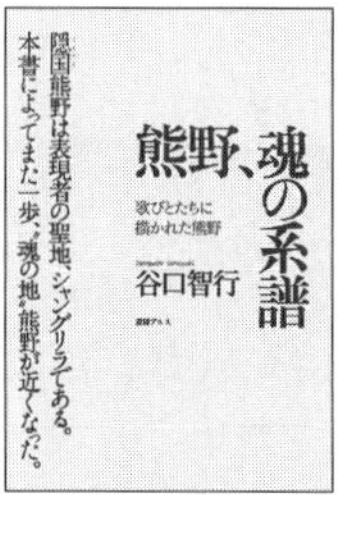

柄《がら》にもないことだが、私は万葉歌にちなんだオペラを、ここ数年、書いている。（1）書いてみて思ったのは、たとえ、現代語であったとしても、言葉は古代とつながっている、ということだ。

熊野びとたる著者は、足元にいる地霊たちと交流しようと、古今の熊野に関わる文学作品を渉猟し、評論文を捧《ささ》げたのである。緒言には、かつて「自然と魂の満ち満ちし熊野を巡った歌びとたちがいた。そこには熊野の渦巻くエネルギーと彼らの魂との、大いなる共鳴があった」とあり、その「魂の根源を探ってみたいと思うに至った」とある。（2）ここに、本書のすべてが、集約されている。Ｉの「総論」は、記紀万葉から現代に至る著者苦心の熊野文学史。Ⅱの「列伝」は、熊野を旅した近代の文学者列伝。与謝野寛・晶子、釋《しゃく》

[1] 無名ながら、延べでいえば、一万人規模の観客動員はあった。東京公演や海外公演も行われた。しかし、プロといえるレベルではない。

迢空《ちょうくう》、三島由紀夫、前登志夫に至る旅人たちの列伝である。といっても、それは熊野体験の列伝というべきものである。Ⅲの「熊野三題」は、熊野風物詩考というべき章だが、流れるような文体の随筆となっている。Ⅳの「作家論」は、時に著者が親しみ、時に対峙《たいじ》した作家たちを論じた章。中上健次論は、同郷人であるがゆえに、中上と共有されている街の思い出が語られている。ここは、同じ土地に生きた者同士の共通感覚で、人と街が語られているところである。

読了して、私の脳裏に、次のような映像が飛来してきた。それは、生きて生きて死んでいった微生物たちが、静かに静かに、ゆっくりと海底に堆積されてゆく映像だ。死骸は、澱《おり》となり、ヘドロとなり、土となってゆく。著者がやりたかったのは、その堆積土の層を一枚一枚めくることではなかったのか？ それも、魂のレベルで。

くすんだ青の熊野灘の絵を配した表紙に、銀の箔《はく》押しの書名がある装丁。私は、指先でも、箔押しを撫《な》でて、本書を楽しんだ。(3) 本の魂に触れたくて。

[2] もちろん、心と魂はどう違うのかと聞かれると、私も困る。今、私にいえることは、科学的に実証できないことを語る時は魂となるか？ とすれば、どんなに科学が発展しても、未知の領域がある限り、人間は魂について語るのを止めないのではないか。

[3] そのデコボコが、妙になつかしく、そこに私は感じるものがあったのである。

能を観るための分厚い入門書

梅原 猛・観世清和監修
『能を読む① 翁と観阿弥 能の誕生』
『能を読む② 世阿弥 神と修羅と恋』
『能を読む③ 元雅と禅竹 夢と死とエロス』
『能を読む④ 信光と世阿弥以後 異類とスペクタクル』
角川学芸出版、二〇一三年

一冊あたり六百頁。値段も高い。

しかし、こういう本が四冊シリーズで出版されるところに能という芸能の大きさ、深さがあるのだろう。じつは、これほどの大著でも入門書なのである。研究者、演者、評論家がその力を結集して作った能の小百科事典、ないしは能楽史といえるものだが、私が感心したのは、その心くばりである。用語の解説は、簡便にして適切だ。各曲目の解説は、あらすじの次に、「小誌」が付けられている。小誌では、いわばその曲に関わる由来や伝え、各流派の演出の違いが記されている。(1) うれしいのは、二段組みで、謡《うた》いとその訳文が

1 こういう配慮がなされた本は、いままでなかったと思う。その膨大な作業を思う時、まさに脱帽というほかはない。

対照できる点である。しかも、下段の訳文の前後に、所作や演出についての解説がある。その訳文は、平易にして格調を失わないものだから、訳文を独立して味わうことも可能なのだ。最後に、各流派ごとの詞章《ししょう》の違いが、書かれている。

各巻には、それぞれの分野の専門家による論文が収載されているが、あくまでも一般読者を想定して書かれているので、読み物として十分に楽しめるものである。翁《おきな》と神はどういう関係にあるのか。観阿弥・世阿弥というけれど、そもそもどんな人かなど、現在の研究水準を踏まえて書かれている。(2)

各巻の最後には、研究者と演者による座談・対談が付されているのだが、これがまた、興をそそる。というのは、聞き手が、当代一流の研究者で、かつ柔軟な思考のできる本書の編者たちなのである。能といっても、それは演者の身体を通じてしか発現しないものであることを、評者は思い知らされた。つまり、古典芸能といっても、それはすべて現代芸術なのである。

最後に、この本の未来の読者にお願いを一つ。観能を前に本書を読むのはよいとして、当日の演目の部分を、座席で見るのはやめてほしい。たしかに、よくわかるかもしれないが、その場で感じることが、一番大切なんですから!(3)

2 読書界のスターと学界の実力派がうまく住み分けていると思う。

3 私は展覧会におけるイヤホンガイドや、古典芸能の字幕ディスプレーとイヤホンガイドは無用の長物だと思う。そんなものから、余計な情報を得るのではなく、五官を使って、何かを掴み取ることが大切だ、と思う。そういうものを使いたくなるのは、お勉強の延長線に伝統芸能の鑑賞を考えているからだ。何だかよくわからないけれど、かっこいいなぁと感じ、後で勉強して、そうだったのかぁと思いを馳せるべきである。と同時に、画家や演者に失礼だと思う。

研究は、情熱とロマンである——

『洋楽渡来考再論　箏とキリシタンとの出会い』
皆川達夫
日本キリスト教団出版局、二〇一四年

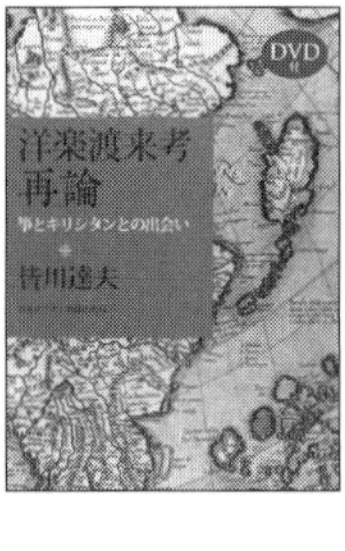

自然科学であれ、人文科学であれ、科学を標榜《ひょうぼう》すれば実証の義務が生じる。が、しかし。研究は、情熱とロマンだ。

本書は、音楽史学の泰斗の大胆な推論の本。著者は、十七世紀初頭に長崎で出版されたキリスト教の典礼書を精査し、典礼と音楽との関係を見渡して、いかなる典礼が渡来し、それが日本にどのように根づいたのか、検証してゆく[1]。そのなかで、日本で歌われた聖歌を、当時のイベリア系楽譜資料から復元して、箏《そう》曲の「六段」は、グレゴリオ聖歌の「クレド」が原曲であったのではないか、と推定したのであった。この推論が正しければ、教団が壊滅し、楽器が失われ、楽士もいなくなった後にも、箏によって、その旋律が伝えられたことになる。

[1] 時代ごとの音符の表記法の違いを踏まえたり、楽器や演奏法の歴史的変化を辿り、検証されているのである。

著者は演奏者に依頼をし、その比較を行うと伴に、日本音楽史の専門家に、検証論文の執筆を依頼する。(2) 検証論文を書いた久保田敏子は、この推定にまだ課題があることを指摘しつつも、その可能性を否定はしなかった。私は、付録の復元DVDを視聴しつつ、実証とロマンの間について、じっと思いをめぐらした——。

蛇足を一つ。私はフランスの文学者、ジュール・ルナールの短文が好きなのだが、たまたま飲み屋でいっしょになったフランス文学者の奥本大三郎さんから、「そうですか。あれって、日本の俳句や短歌のマネなんですけどね」といわれて目からウロコどころか、失神しかけたことがあった。文化交流のおもしろさ、たのしさ、ここに極まれり!

[2] 自らの結論を踏まえ、第三者に検証を依頼したわけで、人文科学においても、今後はこういう学問の進め方が求められるかもしれない。

等身大の林羅山を描く

かつて、阿倍仲麻呂について調べていた時のこと。仲麻呂伝について、林羅山（一五八三―一六五七）の研究が凌駕《りょうが》されるのは、一九四〇年代だと気付き、唖然《あぜん》としたことがあった。と同時に、私はこんなセリフを呟《つぶや》いた。「しょせん御用学者だろ」と。「御用学者」という言葉は、侮蔑的にしか使わない言葉だ。その「御用学者(1)」の代表、林羅山の評伝に、凄腕《すごうで》の国文学者が挑んだ。

二つの視点が提示されて、本書ははじまる。「知識欲と出世欲はどう羅山の人生と関わるのか」「そして、羅山の編み出した思考法は、江戸期にどのくらい重みを持ったのか」の二点だ。驚いたのは、羅山が学問を始めたころは、儒者の地位がまだ低かったという点だ(2)。僧侶が中心であった学問世界の中で、羅山は何とかして儒者の地位を権力者に認めさせ、権力内に食い込み、

『林羅山　書を読みて未だ倦まず』
鈴木健一
ミネルヴァ書房、二〇一二年

[1] ただ、それでは反権力であれば、学者はよいのか？　ということにもなろう。「御用学者」とは、権力におもねる学者のことをいう言葉である。

徳川将軍家の側近になることに成功する。そんななかで、豊臣家をおとしいれるために学識を利用した方広寺鐘銘事件にも関わることになるのである。つまり、本書の羅山は戦う男なのだ。じつは、儒者が幕府内に安定した地位を得たのは、彼の孫の世代なのである。その戦う男の心を「出世するために自分の学問を利用する」「書物を読んだり、文章を書く生活を続けるために、社会的な地位を確保したい」との二つの葛藤から描き出したのが本書である。三分の二まで読み進んだ時に、本書における羅山は、著者・鈴木と一体化しているのでは？　と思った。おこがましいが、その葛藤は私にもある。(3)「学問は真理の探究のために」とはいうが、人は無欲に生きていられる動物ではない。

　では、著者は羅山の学問をどう評価したか。著者は、江戸時代の学問を総合性・実証性・啓蒙《けいもう》性のあるものに導いた点を高く評価する。読後、私は思った。たぶん、今日の学者が束になってかかっても、学問の広さと総合力においては、羅山の足元にも及ばないのではないか、と。

2　古代の学問の中心が仏教であったことを考えれば、至極当然のことなのだが、江戸初期においては、儒学は新興勢力であったのだ。

3　もちろん、それは、私の投影でもある。日々、受験生確保のために、高校巡りの営業をしている私にとって、生活費と読書の時間の確保は、頭の痛い問題である（月に、五十校から百校。でも、勤め先の国文学科がなくなれば、とたんに失業する）。自らの無能を棚に上げての議論だが。

村の物語とは――

『増補新版　村落伝承論　『遠野物語』から』
三浦佑之
青土社、二〇一四年

今日、私たちは、時代の移り変わりを意識して生きている。だから、村での生活は過去のものと思いがちである。が、しかし。あの震災以降、人はいざという時、村単位[1]で行動することになるのだということを思い知らされた。

本書は、村落における伝承というものの特質は、いかなるところにあるのかということを、『遠野物語』の分析を通じて論じた本である。じつは、増補新版で、旧版は一九八七年刊。著者は、この二十七年の感慨を込めて、この増補を行っている。私は、この間に大きく著者の村落観が変わったのではないか、と考える。旧版では、滅びゆくものへの愛おしさが記述の背景にあったように思う。ところが、増補されているところを見ると、学ぶべき知恵のあるところとして思念しているように、私には思われるのだ。たぶん、多

1　故郷と村とがダブル・イメージで描かれるノスタルジー。そのノスタルジーが蘇る時は、じつは危機的状態なのである。

少なりとも民俗学に関心のある人なら、柳田國男だってそういう二つの村落観のなかで、村を描いているよ、と言うだろうが――[2]。でも、私は、著者の思いは、別のところにあると思う。著者は、古代から村での生活者は、己の足らざるところを知りつつ、都会人の力を巧みに利用して生きてきた知恵者であるとの考えを持つに至ったのではないか、と思うのである。

太陽には日の神がおり、月には月の神がおり、海には海の神がいる。その物語では、時間も空間もない。時間と空間を分けて考えるという思考法など、近代合理主義の産物なのだ。だから、山には山の、木には木の、神・精霊・化物がいるのだ。私たちは、そういう村落の物語を柳田國男の『遠野物語』によって、再認識させられたのである。じつは、国文学も、近代合理主義の産物なのだ。だから、あらゆる物語を近代の心理小説のように読み解いてきたのであった。本書の主張は、次の点にあるのではないか[3]？　動物園の狐を見ても、狐の古典も昔話もわからないよ。実際に騙《だま》された人の話を聞いてみたら、と。

[2] なぜ、古きもの、民の生活を記録するのか。〈ノスタルジー〉と〈知恵の源泉〉、この二つが、民俗学徒の村落研究の、エネルギーの供給源だったのである。

[3] 心情の読解こそが大切。心理の変化を捉えることが大切だとする文学理解は、そのじつ近代的なものではないのか、と思っている。それは、行動、行為が、個人の意思決定によってなされると、常に近代人は考えるからである。しかし、私は、個人の意思がそれほど完全なものであるとは信じていない。

詩による君臣の心の交流

演説やディベートが下手な日本人。たしかに、そうだ。しかし、だからといって、コミュニケーションが下手なわけではない。近代以前の天皇は、公の席で声を発することがなかった。では、どうやって心の交流をしたか。それは、和歌と漢詩でなされたのであった。[1] 天皇と民の心を結ぶものは、詩歌だったのだ。

本書は、多くの風聞のある大正天皇の漢詩に、当代随一の大家が、注釈を施した書。大正天皇は生涯に一三六七首もの漢詩を残した詩人でもあった。もちろん、過去にも、大正天皇の漢詩に対する注解はあったのだが、やや難点もあったものを、最新の漢詩研究と、公開中の『大正天皇録』を踏まえ、新たに注解が施されたのである。その数、二六八首。

1 「歌会はじめ」という行事の場は、まさに歌による君臣の心の交流の場といえるだろう。

石川忠久編著
『大正天皇漢詩集』
大修館書店、二〇一四年

〈よく、私のためにこれまで頑張ってくれたね。お前さんも、もう七〇歳かい〉〈おおい、酔っぱらってピンポンかい。お前は軍人で鉄の心を持っているかもしれないけれど、相手の術中にはまってしまったね。だから、将軍さまも、今日は負けさ〉〈楽隊のなかには、まだ童顔の子もいるんだなぁ、でも眉目秀麗。赤いりんごのほっぺじゃないか〉〈東京にペストが流行《はや》っている。だから、私は心を痛めているのだ。民の生命を奪うこの病気を速やかに一掃すべし――〉まさに、詩による心の交流である。編著者は、なるべくやさしい訳文にして、漢詩の表現の奥にある心を描き出している。(2)ちなみに、いくつか示した詩の釈義は、編著者の注解を手掛かりに、私が作ったものである。

見ていると、『万葉集』巻一の一番の歌を踏まえて、若菜摘みをする皇后の姿を歌ったものがあった。皇后はスカートをからげて、若菜を摘んだようだ。ちょっと、恋歌風か。

詩歌ならば、天皇は自由にその思いを述べることができた。そして、天皇は明治三五年の八甲田山の悲惨な遭難事件に涙したのであった。死せる百九十九人とその家族のために。

(2) われわれにとって、漢文は硬質の言語だが、本書の訳文は、柔らかい。

詩が表現するものとは何か？

ふわりとした文体。序破急がなくても、読めてしまうエッセー。ただ、そこは、手だれの詩人の書。なんとか、急所をつかまなくては……と思うのだが、のらりくらりと進んでゆく。が、しかし。もうその時点で、私は著者の術中にはまっているようだ。意を決して言うと、本書の急所は、日常性の発見にある、と思う。

史料を読めば、その時代の日常がわかると思っている人もいるが、それは大間違い[1]。史料というものは、特例を示すものだからだ。日常の意識というものは、残りようがない。著者はいう、電車に乗っていて。著者はいう、たまたま図書館で、と。その「たまたま」「ふと」が、流れるように続くので、読み手の手元には、何も残らないのである。詩というものは、日常の「ふと」

蜂飼 耳
『おいしそうな草』
岩波書店、二〇一四年

1 古典や歴史を学んでいると、史料に残るのは、異例や記念《モニュメント》などに関わる事項だと実感することがある。笑ってしま

とか、「たまたま」から生まれてくるものだということを、著者は示しているのではないか？　今、目の前に、著者がいれば、「おいしそうな草」って、それはなんなの？　と私は聞きたい。けれど、著者は「それは、上野先生が本のなかで見つける草ですから、私にもわかりません」と答えるのではないか。

　書名がもう、詩になっているのだ。「おいしそうな野菜」「おいしそうな野草」なら、市場であれ、道端の草であれ、人が食べたいと思うものなのだろう(2)。しかし、草だとどうなるか。一つの可能性は、食べられるか、食べられないかわからないけれど、食べるとおいしそうだと思わせる草となろうか。いや、待てよ。これは、牛の言葉かもしれないぞ。

　さて、著者は「あとがき」に、この書名に触れて、イザナミ、イザナキの古事記神話のなかに、人間を青人草《あをひとくさ》と呼んでいるところがあることに言及するのみだ。だとしたら、それは、おいしそうに見える人間ということかぁ、と思ったが、私は、原稿のことを草と呼ぶこともあるのでは？　と思った。まるで、だまし絵のような一冊。ご注意を(3)。

ったのは、ラーメン屋さんは、客も店員も無愛想だというくだり。客は、一心不乱に食べ、必死に食べて、食べ終えた客を店員は無愛想に送り出している。こんなことは、史料には残らない。

[2] まさに、ここは詩学の話。詩になる言語の特性はどこにあるか？　ということになる。授業の挿話に使いたい――。

[3] まさに、人を喰った話ということか？　脱力的に見えて、信念があるが、信念をふわりと語る手だれの著者なのだ。

愛のフランス文学史をいかに記述するか？

読了後、うなった！[1] 愛に幸福を求める人には、たいくつな人生が待っている。愛にエロスを求める人には、危険が待っている。果たして、どちらが賢者か？ と。前者は、十九世紀的恋愛観。著者は、こう説く、「ブルジョワ化する社会において、人々は宗教的道徳と体面を重んじ、個人の快楽よりも家庭の安定と繁栄を優先する発想が一般的になった」と。つまり、ハッピーエンドを希求する生き方なのだ。では、十八世紀は、どうであったかというと、快楽を追求する好色文学の時代であった。ひたすら、快楽を求める危険な関係の貴族たちの物語が、十八世紀フランス文学には、満載である。活躍するのは、悪女すなわちファム・ファタル。ルイ十五世が、悪女の鏡たるポンパドール夫人に貢いだ金額は、なんと一千億円。一方、十八世紀のポル

野崎 歓
『フランス文学と愛』
講談社、二〇一三年

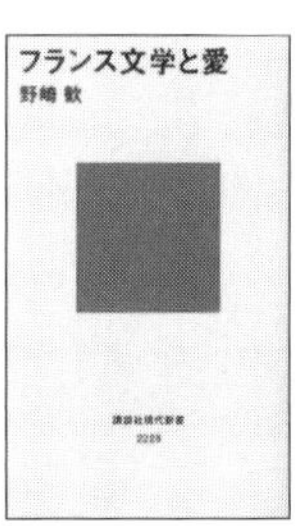

[1] 当代を代表する仏文学者の通史ということで、じっくり読んだ。すばらしいのは、記述に軸があることだ。やはり、通史は史学というよりそれ自身が文学ではないのか、と思わせた一冊である。

ノは、一種の哲学書であった。「実際、啓蒙思想と好色文学は旧来の道徳観を（宗教的規範も含め）批判、攻撃し、『偏見』から自由な生き方を提唱する点で、しっかりと結びついていた」からである。

野崎は、この十八世紀文学から十九世紀文学へという移行を、「富裕な市民階級が貴族を押しのけて地歩を確立し、生まれの貴賤に基づく秩序を資本経済の論理が凌駕する時代が到来した」からだと説明する。それを小説に語らせる[2]ところが、本書のすごいところ。モーパッサンの「往事」という小説の、老女と孫娘の会話を取り上げている。色好みの道こそ、人生のたった一つの魅力じゃないか、今の若者はなぜ、愛に正義や倫理を持ち込むのかと、説教するところがあるというのだ。そう老女が孫に好色の道を説くのだ。読了後、私は思った。日本は、万葉の昔から江戸時代[3]まで、十八世紀的恋愛観。明治の知識人だけが、十九世紀的恋愛観[4]。

ルイ十四世からはじまって、フランス文学の今で終わる博識と豪腕、そして文章力に、アムールと叫びたい！

[2] 文学史を語る上で、いちばん難しいのは、この点だろう。やはり、作品に語らせなくてはならない。観念的な通史記述は教条主義となってしまう。

[3] だからといって、江戸時代が性の自由を謳歌した楽園だったというのも幻想だ、と思う。いつの時代にも、性にタブーは付きまとうものだ。

[4] これは、文化の受容において、往々にして起こる事象。ご本家より、厳密・厳格だったりする。明治は、十九世紀的恋愛観をまず文学で受け止め、実践しようとした時代だったのか？いや、それも一部の知識人だけのことだろうが。

明日を創る読書とはどんなものか？

もし、日本に読書党という政党があれば、著者は間違いなく総裁だ。資生堂の社長も務めた財界人にして、当代随一の読書家である著者。本書は、その書評集なのだが、読み進めるうちに、こんな読書体験もあるのか、と唸らせる。

海軍大将だった山梨勝之進の著書を通じて、戦史における人間の思考について学んだのは、著者が中間管理職の時。山梨は、晩年、海上自衛隊の幹部学校で講話をし、その講話の記録がまとめられた本だ。著者は、山梨著『歴史と名将』によって、東郷平八郎のひととなりに接し、東洋的人間観に基づいたリーダーのあり方に思いを馳せる。そして、「もはや山梨大将のような大人物に接することのできない今日、この本が残っていてつくづく有難いと

福原義春
『本よむ幸せ』
求龍堂、二〇一三年

思う」と述べている。歴史に対する見方を学び、今と自分を見つめ直した瞬間である(1)。

社長となった著者は、次々と経営改革断行、注目される経営者となって、講演依頼が殺到。アメリカでの講演先でのこと、『フォーチュン』誌の発行人から、すばらしい講演だったが、あなたの考えは、マックス・デプリーの考え方とたいへんよく似ている。君はマックスの本を読んでいるのか、と質問される。しかし、著者はその時、その名すらも知らなかった。すぐにロスの本屋で『リーダーシップ　イズ　アン　アート』を見つけた著者は、ほどなくしてその虜となる(2)。こうして得た経営哲学の一つは、経営者たる者は、人間の多様性を理解するところから、組織作りをはじめるべきだという信念であった。まず、自分があって、求めるものがあって、偶然の出逢いから、座右の書に出逢うくだりは、読書家冥利に尽きるというものだ。いや、求めていたからこそ、偶然の出逢いがあったのか？　読んだ本によって、自分の頭が編集されるというのも、著者の主張だが、評者も、明日の自分を作るような読書をしてみたい、と本書を読んで思った(3)。

1 謦咳《けいがい》に接するという言葉があるが、身近にいたからといって、その人物の思考に接近できるわけではない。むしろ、近すぎて、客観視できない場合も多い。

2 啐啄同機《そったくどうき》というが、まさにいつその本に出逢うかも、大きい。

3 人生の難点は、ハプニングの連続、単純化できないことだが、今日食べた食物が明日の体を作るように、私も、未来志向の読書を心がけたいとは思っているが……。

I

4

文化と時代

通史を書く、覚悟と勇気

ここに、古代という名のモニュメントがある。石と金と木と中国の紙、日本の紙を継ぎ合わせて作ってあるのだが、今にも倒れそうだ。

歴史学の老舗、吉川弘文館が、古代史のシリーズを出すというのであるならば、最新の成果を、絶妙のバランスで配合したものでなくてはなるまい。その第一巻が、本書である。本書は、旧石器時代から、飛鳥京と藤原京の時代を描くので、四万八千年前から、西暦七一〇年までが守備範囲となる[1]。すると前半は、石器と青銅器、鉄器の話であり、後半は中国の史書と日本の記紀が資料となる[2]。もちろん、この間、木器や木簡の話も出てくる。つまり、歴史像を構築するために使用する資料の性質が、まったく異なるのである。私のような古典屋からいわせると、同時代の文献の照合ですら難しいのに、

木下正史
『倭国のなりたち』
吉川弘文館、二〇一三年

1 実際に、今日、日本の学界において、これほど広範囲をカバーできる学匠はいない。それは、研究が細分化されているからだ。

そういう異なる性質の資料で、ものを考えるのは不可能だと思ってみたりする。が、しかし。著者には、通史を書くということは、性質の異なる資料で歴史像を再構築することなのだ、という割り切りが、はじめからあるようだ。

当然、そんなに長い通史を書けば、得手、不得手もあろう。読んでいて思いをはせたのは、一頁《ページ》、一頁に込められた著者の割り切った上での匙加減《さじ》の妙である。匙加減というと、いい加減な感じがするが、通史において大切なのは、巨視的観点とバランスのはず。私は、本書こそ、その二つを兼ね備えている本だ、と思う。それは、著者の学問の広さではあるのだけれど、歴史とは、生きている人間のために存在するものだという哲学があるからではないのか？　著者は、自然環境への適応、地域差の由来、社会を変えた技術の展開、王権と国家の成立、律令国家の成立という五つの切り口から、歴史像を作ってゆく。常に今日の研究水準を踏まえて。

もし、上野先生、奈良時代から鎌倉時代の文学史を書いて下さい、と言われたら、今の私なら、編著にしましょうと、言ってしまうだろう(3)。

[2] 具体的には、『魏志』『三国志』と古墳と記紀の古代史だ。

[3] 所詮、世界を知るということは、こういうことかもしれない。われわれは、世界や宇宙のほとんどを知らずに死んでゆくのである。では、世界や宇宙について語ることができないかといえば、そうではない。世界把握とは、そんなものだろう。

「帰化人」から「渡来人」へ

上田正昭
『渡来の古代史　国のかたちをつくったのは誰か』
角川学芸出版、二〇一三年

大阪の鶴橋は、日本を代表するコリアンタウン。オモニは私にこう言った。ここには、韓国のどの地域のキムチもあるよ。それに、在日一世のキムチと二世のキムチの味は、ぜんぜん違うよ、ほれ食べて……。

この五十年、古代の韓半島からやって来た人びとを文化の担い手のひとりとして位置付けようとしてきた著者の最新の本だ。読み進めると、「渡来人」といっても、それは多様であり、ひと括りにできないということがわかってくる。

著者[1]は、一九六五年に出版された『帰化人《きかじん》』（中公新書）において、「帰化人」という名称は、国と国籍があってはじめて使用することができる呼称であり、それ以前の渡来者について「帰化」と称するのは、正しくないと主張した。

[1] 上田古代学の特徴は、「虚」か「実」かという軸に対して、「伝承」という観点を導入した

さらに、著者は、古代における「帰化」とは、皇帝や王の徳を慕って来朝して、住み着いた人びとについていう呼称であり、中華思想(2)の影響が強い呼称法であるから、「渡来人」と呼ぶべきことを提唱したのであった。では、いったい用語の変更は、何をもたらしたのか。それは、彼らを新しい文化の担い手として位置付けることに道を拓《ひら》いたのである。高松塚古墳に高句麗《こうくり》壁画の影響があることがわかると、「渡来人」の名称は「帰化人」に取って代わることになった。今日、教科書では「渡来人」の名称が用いられている。

本書では、ひと口に「渡来人」といっても、百済《くだら》・加耶《かや》系の漢人《あやひと》、新羅《しらぎ》系の秦人《はたびと》、高句麗系の高麗《こま》人がおり、一様ではないことが説かれている。ちなみに、漢人はテクノクラート（官僚）として、その地位を宮廷内に築き、秦人は入植開拓団として地域に根を張ってゆく。しかも、在日三世もいれば、在日一世もいる。ニューカマーの技術者たちは、「今来《いまき》の伎人《てひと》」と呼ばれていたのである。そして、氏ごとに祖先神の神話を作ってゆく。

読了後、私は思った。そうかぁ、鶴橋のオモニたちは、いちばん新しい「今来の伎人」なんだ、と。

ところにあると思う。たとえば、ヤマトタケルの末裔を任じ、その物語を伝えた人びとの存在を否定することはできない。この「伝承」という軸は、師の折口信夫から学んだものであった。

[2] 中国にも中華思想があり、中国の影響を受けた日本にも中華思想がある。そして、韓半島の諸国にも。古代の東アジア史は、中華思想の葛藤の歴史だと私は考えている。

出雲、沖ノ島、そして伊勢

最近の若い者は、なっとらん！　という人もいるかもしれないが、寺社仏閣の前を通り過ぎる時に、黙礼をしてゆく若者が増えている。では、彼らは黙礼している寺社の御本尊や御祭神を知っているかというと、そうではない。聞くと、パワー・スポットだからというだけである。たしかに、軽薄な印象も受けるが、私は最近、それはそれでよいと思うようになった。つまり、大切なのは、場所なのだ。日本の神々は、その場に宿りたまうのであり、その場所に自分の身体を運ぶことこそが、大切ではないのか(1)。

千家和比古・松本岩雄編
『出雲大社　日本の神祭りの源流』
柊風社、二〇一三年
藤原新也・安部龍太郎
『神の島　沖ノ島』
小学館、二〇一三年

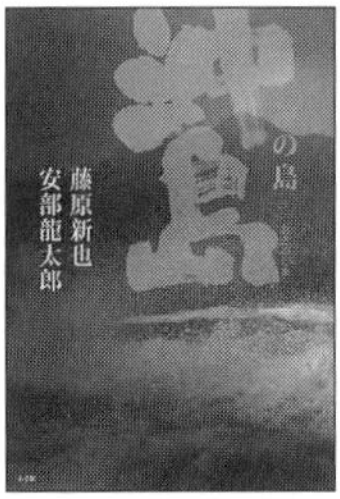

平成の大遷宮でにぎわう出雲大社。一般向けに書かれた学術論集は、七世紀から続く祭祀の伝統と、それ以前の祭祀遺跡を、わかりやすく教えてくれる（千家和比古・松本岩雄編『出雲大社——日本の神祭りの源流』柊風舎、二〇一三年）。

神祭りをするたびに、場所を選んで祭りごとを行った時代から、人びとは巨大な神殿を造ることに、熱中してゆくことになる。なぜ、出雲の人びとは巨大な神殿を造ることに熱中するようになったのか。よくわかる本だ。荒神谷《こうじんだに》遺跡と、加茂岩倉遺跡から出土した大量の銅剣《どうけん》、銅矛《どうほこ》、銅鐸《どうたく》。出雲の人びとは、何に祈り、どうして大量の銅の宝器を埋めたのか。最新の祭祀考古学の成果も盛り込まれているのがうれしい。

日本の神々は、最初、樹木や岩陰にひっそりと祀られていた。そういった神殿成立以前の神祭りのありようを現在に伝えるのが、福岡県宗像市の沖ノ島《おきのしま》だ。海の正倉院といわれる沖ノ島。藤原新也の写真と安部龍太郎の文による本も出た（『神の島　沖ノ島』小学館、二〇一三年）。この本には、藤原の眼を通して見た聖地の原風景が映し出されている。そうかぁ、日本の神々は、こんなところにいたのか、とわかる一冊。読了すると、宗教と芸術と自然を個別のものとして理解することなど、たかだか近代二百年のことでしかないこ

1　お堂であれば、堂の内外の環境。堂内の雰囲気。そして、集う人びとの表情。そして、なにより立地だ。私は知識による信仰など宗教文化のほんの一部でしかないと思っている。教典なんて意味がない。宗教は祈りだが、飲んで、騒いで、食べて、遊んで、同宿して寝て、ようやく自分のものになるのではないか——。暴論をお許し下さい。

とに気づかされる。[2]というのは、藤原は、神職の日々の奉仕の姿にも、捧げられた宝物にも、神の島に宿る虫たちにも、同じ眼差しでカメラを向けているからだ。何かを説明してやろうという意図など、まったくない写真。今日まで続く女人禁制、一木一草も持ち出してはならない海の正倉院をめぐる営みが……映し出されている。ただ、たんたんと。

そして、第六十二回の式年遷宮を迎える伊勢も、にぎわっている。矢野憲一『伊勢神宮の衣食住』(角川ソフィア文庫、二〇〇八年刊)は、いいかたは悪いが、文化というものが、効率を優先する経済生活から見ると、ムダのかたまりのようなものであることに気づかせる本である。神々をめぐる衣食住に、日本人はこんなにも情熱を傾けているのかと、うなってしまう。不信心の私などは、何もそこまでしなくても、手抜きをしても神様にはわからないと思うが……。膨大な時間とテマを使って、神に捧げられる衣食住が、二十年ごとに繰り返されることで、継承されていることがわかる本。

女王卑弥呼の時代には、すでに存在した巨大神殿、ところが今日まで社殿もなく、山や木や岩を祀る沖ノ島。奈良県桜井市の大神神社《おおみわじんじゃ》も同じく、山が御神体だ。そして、弥生時代の祭祀遺跡から、奈良の大仏殿をはるかに超え

[2] ここも、一種の近代主義批判である。古典研究にしても民俗学にしても、そこには、ある種の回帰思想があり、やはり私はこういう言い方をしてしまうのである。

る神殿が生まれた出雲。

そこに共通するのは、聖地と神話、そして、今に続く神祭りだ。こんなことをいうと、神主さんに怒られるかもしれないが、御祭神など知らなくてもよいのではないか。大切なのは、その場で感じることなのだ。かの西行法師の歌と伝えられる歌には、

何事のおはしますをばしらねどもかたじけなさに涙こぼるる

（『西行法師家集』[3]）

とある。訳してみよう。いったいどんな神様がいらっしゃるかはわからないのだけれど、そのありがたさに涙がこぼれてならない……。

[3] 西行歌というより、西行伝承歌だが、この文章の冒頭と響き合うようにここに置いたつもりである。

古典と現代短歌を結ぶもの

馬場あき子
『日本の恋の歌　貴公子たちの恋』
『日本の恋の歌　恋する黒髪』
角川学芸出版、二〇一三年

伝統というものに対して、われわれは三つの態度を取ることができる。学ぶ、反抗する、無視する。現在の若い歌人のなかには、千年の伝統とまったく無縁に、歌を作っている人も多い。それは、それでよい、と思う。[1]対して、筆者は、伝統に学びつつ、昭和・平成の女歌を大成した歌壇の指導者だ。読みながら、あぁ、筆者はこういった点を重視して、さらには取り入れて、自らの世界を創っていったのだな、とわかってきた。ひょっとすると、この本を読めば、馬場あき子という歌人の厨房が垣間見えるのかもしれないと思いながら読んだ。

本書は、極めて明快な方向性を持っている。古今集が成立する九〇五年か

1　もちろん、著者としては、古典の伝統を踏まえたものであってほしいが、そんなことは表面的なことだろう。スタイルを真似たスタイルなど本物であろうはずがない。

ら、新勅撰集の成立する一二三四年までの和歌の歴史を、恋歌の成熟と多様化の歴史と捉えて、歌人と歌との関係を一つのエピソードとして語ってゆくのである。その掬《すく》いあげ方こそ、筆者の慧眼《けいがん》なのだ。

では、筆者の和歌観の核となるものは、何かといえば、「色好み」(2)こそ、和歌なるものの源流にして、基層。基層にして原動力だという考え方である。「色好み」とは、恋というものを、人生の中心に据える生き方だと本書は教えてくれる。

人は、自らの恋に、忠実に生きようとすればするほど、自らも他人も傷つけてしまう。それでも、恋に忠実に生きようとする態度こそ、「色好み」なのだと本書は教えてくれるのである。元良《もとよし》親王、平中《へいちゅう》、業平、小町、和泉式部という歌人列伝は、じつは「色好み」列伝で、その恋歌の一つ一つを読み解きながら、本書は進んでゆくのである。

本書は、極めて良質な恋歌の和歌史なのであるが、そんな読み方は、低級だと思う(3)。むしろ、男たち、女たちは、どう恋と格闘したかという、恋愛格闘史(4)として読むのがよい。たぶん、元良親王や和泉式部が友達だったら、困った友人になったはずだ。

2 よく学生にいうのだが、日本語の「イロ」の多義性と意味史的変遷を明らかにしたら、すばらしい卒業論文になるよ、と。でも、誰もやってくれない。

3 作品史というのは、文学史研究の王道だが、やはり人がいて、作品があり、人にスポットライトを当てたいと私は思っている。

4 ここは、うがったフレーズを使用してしまったと反省(?・)している。

あこがれの歴史をどう書くか

『唐物の文化史　舶来品からみた日本』
河添房江
岩波書店、二〇一四年

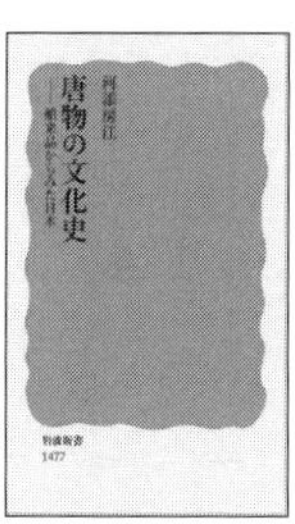

食堂で、女子学生の会話を盗み聞きしたことがある。彼女たちは、彼氏から貰《もら》いたいものを五千円、三万円、三十万円に分け、何を貰いたいか、話していた。すると、金額に応じて、特定のブランドの特定の商品に意見は三人とも全会一致。あれれ……。

本書を読んで、なるほど、この本こそ「あこがれ」(1)の歴史であると悟った。詳しく述べると、唐からやって来た舶来品の文化史だ。いわば、ブランド力の栄枯盛衰を通史で辿る力作である。といっても、すでに重厚な研究書で、著者は自らの思考を練り上げていて、学界での評価はゆるぎないブランドのある源氏物語研究者だ。

もちろん、話は正倉院からはじまるのだが、いかなる舶来品を、いかに集

[1] 服装が表すものは何か？　民族か、部族か？　身分か、階層か？　はたまた「ハレ」か、「ケ」か？　そして、趣味か、経済力か？　著者は、可視化されるコードを明らかにしたと思う。

め、それをどう仏や人に渡すかということが、権力そのものであると気づかされる。二章と三章は、平安時代の話だが、読んで痛感したことがあった。物語における衣服や調度品の描写は、物品のブランドイメージが盛り込まれているので、そこに隠されたメッセージがあるということだ。醜い容姿で知られる『源氏物語』の末摘花。彼女と一夜を共にした光源氏が見たものは、『黒貂《ふるき》の皮衣』であり、渤海国からもたらされた貴重な舶来品の毛皮」というのである。それに秘色の青磁は、高価なブランド舶載品だったのである。それらは、末摘花の父であった故常陸宮から受け継がれたものであり、かつての栄華を物語る品々だったのである。つまり、没落した宮家の困窮と古風さが、この品々に凝縮して表現されているのだ。

一方、ブランド品の唐物ばかりを身につけている人は、軽蔑の対象となったことも書かれている。俗物臭がするのだ。さらには、江戸庶民の唐物屋フィーバーの様子についても描かれている。そして、終章は、唐物が日本化する過程を追う日本文化史論だ。さて、著者は、どんなブランド品を身につけているのか、気になるところ——。

[2] ちなみに、私が思ったのは、漱石の『坊っちゃん』の赤シャツだ。明治の松山で赤シャツを着る帝国大学出の男。それは、漱石自身の投影である。

[3] 史は誰のものか、それは今ある者のためにあるものであり、それは事実の蓄積というより、事実の解釈の蓄積物なのである。とすれば、史を語ることは今を語ること、そのものではないのか。

古典の何を、どう伝えるのか？

渡部泰明著、杉田 圭画
『うた恋い。和歌撰　恋いのうた。』
メディアファクトリー、二〇一三年

大企業のA社は、社長が兄で、副社長が弟。しかし、最近二人はしっくりいっていない。それも、そのはず。兄の妻は、弟の元カノなのだから。しかも、弟とは一児の子をなしているとか。新年会でのこと。弟は人目も憚《はばか》らず社長夫人にキスをした。一同、唖然とするなか、いきなり社長夫人はマイクを持った。そして、こう歌ったのである……。なぜ、弟はそんなことをしたのか、社長夫人はどんな歌を歌ったのか？　知りたい人は、本書の十一頁から二十八頁をどうぞ。もちろん、本書では、社長が天智天皇、副社長が大海《おおあ》人皇子《まのみこ》（のちの天武天皇）、社長夫人がかの額田王《ぬかたのおおきみ》になっている(1)。

種明かしはしないが、著者は、最先端の万葉研究を用意周到に咀嚼《そしゃく》し、独自の見解で解説している。その内容は、一応、万葉学者の看板を掲げる評者

1　あかねさす　紫草野《むらさきの》行き　標野《しめの》行き　野守《のもり》は見ずや　君が袖振る（『万葉集』巻一の二〇）

も納得できるものだ。それもそのはず。著者は、現在、学界において、その名を知らぬ人なき、和歌研究の第一人者、東京大学大学院教授なのだから[2]。かの渡部の考えを、杉田圭が漫画にしたのである。へたな和歌史の教科書より、百倍有益な漫画本。

ここからは、少し私のボヤキ節を。今日、私立大学における学生確保の問題は、大きな問題だ。ことに、志願者が減り続けている日本文学系の学科の場合、背に腹はかえられないところがある。しかし、実際に高校で模擬授業をしてみると、十七歳の生徒の心に届く言葉を自分が持っていないことに気づいて泣きたくなることがある。そんな私に、喝を入れてくれた本である。

[2] 渡部泰明『古典和歌入門』(岩波書店、二〇一四年)は、私が大富豪なら、全国の高校生に配布する本だ。わかりやすく、媚びず、しっかりと若い人に古典和歌がなんたるか伝わる本である。

日本仏教とは何ぞや？

『日本仏教の社会倫理　「正法」理念から考える』
島薗　進
岩波書店、二〇一三年

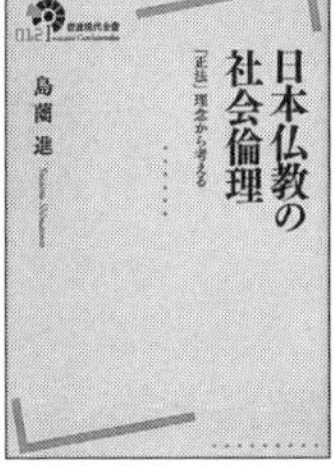

今日、もっとも社会的影響力のある宗教学者による日本仏教論。その見渡しの広さ、精度の高さを、私は、星を仰ぎ見る思いで読了した。第Ⅰ章においては、今、われわれが、日常生活のなかで触れ合うことのできる日本仏教というものが、西洋近代文明、キリスト教近代神学によって、いかに再編成されたものであるかを教えてくれる。(1) 著者は、こんな暴論は回避するが、私は日本仏教は、僧侶が肉食妻帯をすることによって、民衆に寄り添う宗教になり得たと思った。著者に会う機会があれば、そこまで考えてよいですか、と質問したいところだ。

第Ⅱ章では、近代仏教に直接繫がる鎌倉新仏教を、どう見るか、それが近代の仏教と、どう繫がっているのかということが説かれている。そこで、提

[1] ローマ法王に法主を見立てたり、宗議会を作ったりと、明治以降さまざまな模索がなされている。

示されるのが、鎌倉新仏教こそが、本来の仏教の姿であり、もっとも精神性の高い仏教であるとする史観(2)である。著者は、こういった言説が生まれてきた事情を丁寧に掘り起こしている。私は、Ⅱ章を読んで、近代の小説家たちが、親鸞が大好きな理由がわかったような気がした。因習に立ち向かう孤高の改革者・親鸞のイメージは、近代仏教誕生の産み苦しみと重ね絵になっているのだ、と膝を打った。

第Ⅲ章、第Ⅳ章は、近代仏教がいかに、前代の仏教を理解し、それを自らの教学の体系に取り込もうとしたのか、その系譜を紐解く。第Ⅴ章は、中世から現代への展開を、いくつかのキーワードから整理している。そして、圧巻は第Ⅵ章で、著者は近代仏教がいかに社会性を自覚し、在家主義仏教の道を選んだかを説明する。

酒肉を喰い、妻帯して、息子に寺を継がせるために懊悩する僧侶(3)。それじゃあ、戒律もあったもんじゃないよなぁ、と言いたくなるが……著者が説いたのは、それも日本仏教が苦労して選んだ一つの道だったのだということであった。もちろん、見方を変えると、堕落となるが。

合掌

(2) こういう考え方は、辺境において発生する。つまり、周縁が中心化するのである。

(3) 人口比で仏教寺院が圧倒的に多いのは、日本だ。その一つの理由は、僧侶が妻帯して、寺院の世襲化があるからだといわれている。家業として、僧侶をしている人も多いのだ。

人形遣いの文楽案内

本書は、人気、実力とともに頂点を極める人形遣いの桐竹勘十郎さんと吉田玉女《たまめ》さんによる文楽案内だ[1]。二人はともに、一九五三年生まれ。二人が出会ったのは、一九六六年五月、道頓堀の朝日座。その時、二人は中学生。以来、切磋琢磨、今日の文楽の大看板となった。玉女さんは、来年二代目吉田玉男を襲名する。

二人は、本書で、それぞれ好きな演目ベスト十を挙げている。これは、大サービスだろう。というのは、一般に伝統芸能の人は、順位づけなどしないからだ。しかし、二人はあえて、順位を述べることで、未来の観客に心をひらこうとしているのだ。その心が痛いほど伝わってくる。ちなみに、私の見るところ、勘十郎さんは物語展開にダイナミックスのある演目を好む。対す

桐竹勘十郎・吉田玉女
『文楽へようこそ』
小学館、二〇一四年

1 うっかりすると寝てしまうことがあるが、人気の太夫が出てくると沸く劇場。重鎮の太夫が心の襞《ひだ》を映すかのような語りをして魅了される観客。やはり、劇場に行ってこそ、伝わってくるものがある。

る玉女さんは、心理劇を好むようだ。えぇっ、そうだったのぉ、と私はにんまりした。

　私は、学生から、先生のいちばん大好きな万葉歌を教えて下さいと言われると、こう答えることにしていた。「そんなことを聞いても何の役にも立ちません。君が好きな歌を早く見つけなさい」と。しかし、考えてみれば、これは不親切なことである。私は、お二人がそれぞれ好きな演目を挙げたことを思うと、これからは、ベスト3を挙げるべきだろう。「ちなみに、私の場合」と書こうと思ったが、本書では記さないことにしよう。

　写真を見て、二人とも上品な色気がある人だと思った。人形も、人形遣いも義太夫もお三味線さんも、みんな色気だ。文楽は色気がなくては。ちなみに、玉女さんの一位は「仮名手本忠臣蔵」、さて勘十郎さんの一位は……？

「記録」と庶民の歴史と

かつて、畏友のアルバムを見て驚いたことがあった。なんと、奈良の有名寺院に自衛隊の戦車がやって来て、子どもたちが遊んでいるではないか。そうかぁ、昭和三十年代は、そうやって、自衛隊も広報活動をしていたのかと納得して帰った記憶がある。本書には、熊本城にやって来た戦車の写真があった。こういう記録というものは、概して残りにくいものなのである。

本書は、主に九州・熊本を中心に、七十年以上も記録写真[1]を撮り続けた麦島勝の写真のうち、昭和三十年代を中心に集めた写真集だ。巻末に、これまた熊本で地道に民俗誌を作ってきた前山光則の文が付く。麦島が志向したものは、芸術性や抒情性ではない。ただ記録として、「今」を残そうとすることだけだ。例えば、昭和三六年の八代市では、衛生車（バキュームカー）に、

[1] 写真技術の発達がもたらした記録意識の変化の波は大きい。私は、なかでも多くの画像を残せる点が重要だ、と思う。

麦島 勝写真、前山光則文
『昭和の貌《あの頃》を撮る』
弦書房、二〇一三年

火野葦平原作、伴淳三郎・森繁久弥主演の映画「糞尿譚」の宣伝看板が取り付けられて、宣伝をしていた。考えてみれば、宣伝にはうってつけだ。さらに、昭和二八年には、熊本県漁連の補助を受けて、天草郡苓北《れいほく》町富岡でフカ狩りが、二十六年ぶりに復活。その写真も収められている。フカの群れを網で浅瀬に追い詰め、最後は人が素手で仕留めるのである。危険極まりないが、観衆が一万人集ったという。

昭和五五年の写真だが、地元高校の弓道部が、球磨《くま》川の夕葉《ゆうば》橋の下で、矢を射っている。堤防が一直線なので、途中に的を置いても安全だったそうだ。そうか、当時は容認されていたのだろうなぁー、と驚くばかりである。こういう「記録[2]」も、残りにくいものであろう。

あたりまえの話だが、集団就職といえば、すぐに東北と上野駅の写真を思い浮かべてしまうが、もちろん熊本にもあった。写真の顔は、悲しそうだが、その奥に野心も感じられる。熊本の中学卒業者は、そうだったんだぁ、とまた見とれてしまった。それは、木村伊兵衛の描く東北とも、また違うのである。なんだか、明るいのだ。

誰もが、たくさんの画像を残せることで、多くの「過去」を見ることができるようになったのである。

[2] 文献資料に残るのは「非日常」である。そこで庶民の「日常」の歴史を探る方法を模索したのが、柳田國男の民俗学であった。

あきれるばかりのコレクション

モリナガ・ヨウ
『東京大学の学術遺産　捃拾帖』
KADOKAWA／メディアファクトリー、二〇一四年

本書は、画文家モリナガ・ヨウの『捃拾帖《くんしゅうじょう》』見聞記である。『捃拾帖』の捃拾とは、ものを収集することをいう。ただし、高級なものを集めることについては、使用しない言葉である。なぜなら、捨ててしまうものを拾い集めるという意味合いがあるからだ。では、この九十六冊にわたるスクラップノートを作った男とは、どんな男なのか。[1] 日本の動物園、植物園の父にして、博物学の祖である田中芳男の手になるコレクションである。じつは、我が曽祖父の恩人にして、後に親類となった人物で、その著作は読んでいたのだが、こんなアホな、いや失礼、こんな奇特な人物だとは本書を読んで初めて知った。

幕末にやって来たシーボルト、大森貝塚の発見で知られるエドワード・モ

[1] 私がすぐに思い浮かんだのは、水木要太郎（一八六五―一九三八）の収集癖である。水木も、消えゆく日常のものを集めた。

ースのコレクションは、見るに壮観。と同時に、外国人だったから収集できたし、異郷の地をゆく旅人の好奇心があって、このコレクションがあるのだろう、と思った。一方、この『捃拾帖』は、どこか笑えるのである。何もこここまでしなくても、と思うのだが、今となってみるとお宝なのだ。一瞬、俺にもできると思ったが、根気負けするだろう、三日で。

次のことを知りたい人は、本書をどうぞ。〈コレラ除けのお札に、人魚が描かれているわけは？〉〈唐辛子屋のチラシの変遷は？〉〈一八六八年パリ万博の入館証はどんなもの？〉〈鹿鳴館のメニューは？〉〈明治の牛乳代の受取書は？〉〈大黒ビールってほんとにあったの？〉〈福神漬けの名付けの親の田中芳男が集めたそのラベルは？〉

とまぁ、こんな調子なのである。いやはや、まったく。

民俗学と民藝運動とを比較する

二十世紀の日本を代表する思想家は誰かと聞かれたら、評者は躊躇《ちゅうちょ》なく柳田國男（一八七五―一九六二）と答える。[1] 柳田以前の日本には、庶民の生活の歴史を語る言葉がなかった。過去の知識人の書いた史料を、現在の知識人が理解するのが歴史学であった。つまり、柳田以前には、庶民の歴史を語る言葉がなかったのだ。その柳田と、ほぼ同時代に、庶民の生活のなかにあった美学に照明をあてようとする人物がいた。柳宗悦《やなぎむねよし》（一八八九―一九六一）である。柳田の学問は、後に民俗学と呼ばれることになり、柳の運動は、民藝《みんげい》運動と呼ばれることになる。[2] 意識しあっていたにもかかわらず、反目と無視を続けた二人。この二人を交錯させて論じた本も、じつは本書がはじめてだろう。

著者は、まず、二人の原点の違いを、見定めようとする。柳田が伝えられ

[1] 日本語で、日本のことを考え、自らの立ち位置を明らかにする思想を、ほぼ自前で作ったのだから、やはりその存在は大きい、と思う。

前田英樹
『民俗と民藝』
講談社、二〇一三年

ること、すなわち伝承を重視するのに対して、柳は庶民の創造性を重視する。著者が問題としたのは、民間に伝わっている歌すなわち民謡と、その民謡のかたちをとった新民謡すなわち創作歌だ。労働から生まれた民謡と、流行歌として作られた新民謡。柳田は、新民謡を、民謡を駆逐するものだと捉えるのである。

一方、柳は、庶民の生活のなかの美を発見し、そこから新たなる藝術が生まれることを期待した。二人は、一度だけ対談をするのだが、柳田は民俗学は過去の歴史を明らかにする学問だから、将来について語るものではないと、この対談では主張した。明らかに、民藝運動に対する牽制《けんせい》である。モノを対象とする民藝運動は、容易に国境を越える。(3) 対して、柳田は民俗学を新国学だと主張したこともあるように、「日本」という枠組みを外さない。ともに、庶民の発見を志向するものであり、それは西欧化する生活の中での自分探しであったにもかかわらずである。本書は、似て非なるものを手際よく、浮かび上がらせている。その手腕がみごとだ。

[2] 恥ずかしい話だが、柳田國男と柳宗悦を対比、比較することで見えてくることがあると、書名を見て直感した。そんなことに、今まで思い至らなかった自分が、なんとも情けないのである。

[3] 言語や文学の研究より、モノの研究の方が容易に国境を越える。考古学は、意外にグローバルな学問である。ただ、日本の考古学は、これまで歴史学に従属的であったが――。

消えてよいか、民俗学？

福田アジオ・菅 豊・塚原伸治
『「二〇世紀民俗学」を乗り越える』
岩田書院、二〇一二年

学界に君臨してきた大ボスが、めでたく退官。弟子や知己が相集って、論文集[1]を出し、大パーティーをする。それが幸福な学者人生だった。が、しかし。本書は違う。民俗学[2]を久しく牽引してきた福田アジオ（一九四一―）の学問を検証すべく、若手が検事役となって、大家を被告人のように問い詰めようというのである。本書は、二〇一〇年七月三十一日に、東京大学東洋文化研究所で開催された「《討論》福田アジオを乗り越える[3]」で取り交わされた討論会の記録である。

討論会から浮かび上がってくるのは、意識改革が求められている民俗学の今後の方向性だ。福田は、日本社会の深層に広くある文化の存在を、明らかにしようとした柳田國男の民俗学から、その地域の中で、その習俗や慣行の

[1] 今では少なくなったが、『〇〇先生古稀記念論文集』という論文集のスタイルである。

[2] 自分自身では、そうは思わないが、学界では民俗学派万葉

持っている役割を考えるべきだと主張してきた学者である。一方、研究対象となる「民俗」については、やはり柳田が当初想定していた習俗や慣行の調査項目や枠組みの中で考えてゆくことを主張している。この考え方に立てば、日本社会が変容し、柳田が考えていた「民俗」がなくなってしまえば、民俗学が消滅してしまってもよいということになる。議論はいきなり佳境に入り、だったら、民俗学は消えてよいのかという問いに、福田は「寂しいながら、民俗学は消えていけばいいのじゃないですか」と答えるところまで、煮詰まるのである。[4] 民俗学の泰斗にそういわせてしまうところに、本書の迫力はあるのだ。すると、著者の一人、菅豊（一九六三―）はこう詰め寄る。どうして、その対象を広げようとしないのか、と。まさに、スリリング。ホンネとタテマエが錯綜《さくそう》する呼吸が面白い。

私は、こういった対話が今までなかったことが問題であるとも思ったが、一方、価値観が多様化し、動揺する時代においては、その状況はどの学問も同じだと思った。[5] 今、大切なのは、このような学問の使命を問う対話ではないのか。考えさせられた一冊だ。

集研究の学徒だと思っている人も多い。たしかに、いわれてみれば、民俗学徒を志していたころもあった。だが、今は万葉文化論と専攻名を記している。

3 私は、福田ほど実証性を重んじた民俗学の研究を行ってきた研究者はいない、と思う。

4 なかなか、ここまで話が煮詰まる討論会はないだろう。しかし、一九七〇年以降、民俗学を牽引してきた福田の信念である。

5 民俗学も、国文学も、たしかに、今や人気のない学問分野だ。しかし、学問は人気ではない。そこは、右顧左眄《うこさべん》することなく学的営為に集中すべきであろう（いや、そう思いたい）。

旬の芸人を捜すということは？

抱腹絶倒の説教をしておいて、故高田好胤《こういん》薬師寺貫主は、私にこう言った。「悲劇は顔が良かったらアホでも役者は務まるけど、喜劇役者は知性と教養やで」[1]と。

私は、本書を読んで、ようやくその真意がわかった。喜劇を演ずる人は、その心のどこかに、冷めたもう一人の自分がいないと、人を笑わせることはできない。本当の喜劇人というのは、哲学者なんだぁと、読了して思わずうなってしまった。

著者は、ＮＨＫのディレクターであったが、私のみるところ、ようは喜劇の仕掛人。たとえれば、料理人だと思った。朝、市場に行き、旬の食材を選りすぐる腕の良い料理人。宴席に行き、旬の芸人を見つけ出し、どう使えば、

滝　大作
『笑いの花伝書』
講談社、二〇一三年

[1] 好胤さんのお説教は、古臭い教条主義のところも多少はあったが、あの考え抜かれた構成は、毎回聞く人をわくわくさせた。そして、聞いた人は、満足

お茶の間に届けられるか、考え抜いた著者。なかには、テレビでは放送できない反社会性のあるネタもある。その目利きをした仕掛人こそ、著者なのだ。[2]

私が感動した由利徹先生のお言葉は、「客を笑わせるには、裏で百二十パーセント努力して、舞台に立ったら肩の力を抜いてせいぜい六十パーセントぐらいで演っているように観せる、これがコツだ」である。まさに、花伝の書だ。

感と心に残るお土産を持って、家路につくように設計されていたのである。つまり、人を笑わせる力量というものは、痴性でなく、知性なのだ。

[2] 著者には失礼だが、この人はNHKの職場での勤務時間より、寄席にいた時間の方が長かった、と思う。いや、ほんとうに出勤していたのだろうか、とさえ思ってしまった。

Ⅱ　古典教師の煩悶

試験の季節に

試験の季節に思うことがある。私の出題は、常に論述で三題から六題について、その答えを書いてもらうことにしている。ただし、一題は必ず次のような出題をする。「本授業を通じて、担当者の上野がもっともいいたかったことは何か、書け」と。なぜ、このような出題を毎回するかといえば、常に、この人は何をいいたいのかを考えながら、人の話を聞いてほしいからである。

私は、毎年、授業のはじめに次のことをいう。人の話は、耳で聞くのではなく、心で聞きなさい。私が授業中に話す知識など、すべて本に書いてあるから、読めば済むことである。だから、この場にいなくては、感じられないものを感じ取ることが大切だと。つまり、授業というものは、常にライブなのであって、時にハプニングもあって、その場でしか味わえないものを提供すべきだ、と思っている。つまり、教える側と受講生が、時間と場所を共有することが大切だと私は考えている。

学校教育というものは、基本的には、教師が教えた内容をどれだけ覚えているか、その知識量と理解度を問うものである。いじわるな物言いをすると、教師が伝えた知識の残留度が高いほど、良い点数を取れることになっている。だから、授業中に何でもノートを取ろうとする。しかも、理解していなくても、書き取ればよいと学生たちは考える。その場にいて、この教師はいったい何を伝えたいと思っているのか、と考えることなどない。教師は、知識を伝える機械と同じなのだ。今、ここでしか味わえないものを提供してこそ、教員と学生が同じ場所にいる意味があるのではないか、と思うのだが。

かつて、明治時代、とある国文学者A先生は、こんな授業をしたという。黒板に万葉歌を大書し、溜《た》め息《いき》をつきながら、「えぇ歌ですなぁー」と一言。そうして、しばらくの沈黙の後に、「では次の歌を……」と言って、また黒板に歌を大書する。すると同じく「えぇ歌ですなぁー」。A先生の授業はたいそう不評であったが、私はそれも一つの教授法だと考える。それは、教師が溜め息をつきながら、讃嘆《さんたん》することを見せることに意味があると思うからだ。学生は、それが不満なら、この歌のどこが「えぇ」のか聞けばよいのである。

大学時代、決められた半分くらいしか授業をしないチャランポランな英語教師の授業を受けたことがあった。学生が抗議すると、わかった、次の時間に自分の書いた劇に出ている女優を連れてくるから、勘弁せよ、という。次の時間、女優を連れて来た教師は、こういった。「美女じゃないだろう。でも、この人は多くの俳優を虜にしたんだぞ。よく見ておけ。この目だ」。ちなみに、その女優はかの有名なK子だった。美人だとも色っぽいとも思わなかったが、私はそのオーラを今でも忘れない。最後に、A先生の話に話を戻そう。学生が、なぜその歌が「えぇ」のですかと聞いたことがあったそうだ。するとA先生は、それは「えぇ」からです。あとは自分で考えなさい、とのことであった、という。

急所は何か？

これから、二つの話をするが、いづれも伝聞なので、話半分に聞いていただきたい。

名優、K氏は、酒と女性に関わる逸話にこと欠かない人物。また、セリフを覚えないので有名だった。平家物語に関わる芝居をやった時のこと。自分のやっている役の役名すらも、混同してしまうほどであったという。自分が平敦盛役をやっているにもかかわらず、舞台に登場するやいなや「どこだ、どこだ、敦盛はどこだ。敦盛はどこにおるのじゃー」と叫んだそうだ。ほんとうは、知盛と叫ばなくてはならないのに。舞台に立っていた俳優たちは、唖然《あぜん》。そんなこともあったという。

続いては大御所、森繁久弥《もりしげひさや》。森繁の芝居はすべてアドリブといわれるほど、台本通りにやらなかった。当たり役の「佐渡島他吉の生涯」（作・織田作之助）でのこと。縷々《るる》談判あって、なけなしのお金を相手に叩《たた》きつけて、啖呵《たんか》を切るところを、談判の前にいきなり、お金をぶちまけてしまった、とか。では、その芝居はどうなったのか。関係者に聞くと、出演者は困り果てたが、すべてアドリブに切り替えて、何とか乗り切ったそうだ。それでも、何とかなるらしい。この話をしてくれた俳優は、私にこう言った。客は、森繁さんを見にやって来ているわけですから、森繁さんが元気に舞台に立っていれば、それでいいんですよ。たしかに、話の筋は筋で大切ですけど、出演者は皆、その筋をよく理解しているわけだから、なんとかなるもんなんですよ、と教えてくれた。

私は、学生を教育実習や就職試験の面接に送り出す時に、この二つの話をする。というのは、学生は、常に自分が覚えたことをその場でうまく言うことばかりを気にかけてしまうからである。教育実習の場合、あらかじめ定められた授業内容について、「教案」というものを書き、その教案に基づいて授業をするのだが、授業というものは、その場その場の一期一会だから、教案どおりにうまく教えられるはずがない。だから、私は「教案」なんて、書いたら忘れろ、と教えている。就職試験では必ず、「わが社を希望した理由」と「大学時代に打ち込んだことを自己アピールして下さい」と問われる。だから、あらかじめ原稿を作って、それを覚えようとするのだ。つまり、場というものが、常に対話によって成り立っていることを忘れてしまっているのである。

ハーバード白熱教室で話題になっているマイケル・サンデル教授の授業が、なぜすごいかといえば、千人の学生を前に対話型で授業をしていることなのだ。そこにいる人とともに呼吸しながら、授業ができる点がすごいのである。

さて、話はK氏の話に戻る。敦盛、敦盛と叫んだK氏に、出演者はどう対応したか。出演者の一人がアドリブで、「なんですか、敦盛さま、自分の名を叫ばれるなんて。お酒を飲んで、気が変になられたのでしょうか。敦盛さまは、ここにおられます。あなたさまでしょう」と対応したそうだ。

阿倍仲麻呂

『百人一首』の「天の原ふりさけ見れば春日なる三笠の山に出でし月かも」で有名な阿倍仲麻呂。彼は、十七歳で唐に渡り、千人に一人しか及第しないと言われる官吏登用試験の科挙に及第して、時の玄宗皇帝に仕えた。そして、その地位は、今日の国務副大臣クラスに登り詰めたのであった。近時、ようやくの思いで、その評伝を脱稿した。いつかは書いてみたいと思っていたので、「ようやく」なのである。

というのは、他界した父親が病床にあった時、父親から阿倍仲麻呂とは、いったいどんな人なのかと聞かれたことがあったからだ。私は、二十五歳で大学院生であった。今から二十五年以上も前のことである。もちろん、父は、私が『万葉集』を専攻することを知って聞いたのであるが、それには別の理由があった。

父が中学生のころ、漢文の時間に、阿倍仲麻呂のことについて授業があったという。その折、お前の家は、阿倍仲麻呂のようだといわれたというのである。その教師の眼が忘れられないというのだ。漢文の教師は、続けて、「君は天皇とキリストとどっちが偉いと思うか」と聞いたという。その蔑《さげす》みのまなざしが、突き刺さるようで、今でも忘れられないというのだ。じつは、曽祖父も、祖父もアメリカ留学の経験があり、親戚のなかには、クリスチャンとして活動していた者もいたから、そういう扱いを受けたのであった。時あたかも、昭和十年代のことであった。

阿倍仲麻呂を日本への裏切り者として、非難するなかで、父親はいわばいじめにあったのだ。病床にあった父は、その悔しさを思い出し、私に聞いたのだった。よほど無念であったのだろう。

じつは、日中関係が悪化した時は、阿倍仲麻呂は非難される。つまり、二君に仕えた者であり、裏切り者になるからだ。二〇一三年、西安の興慶宮《こうけいきゅう》公園内にある、阿倍仲麻呂碑にペンキを塗るいたずらがあったことを思い出している読者も多いであろう。一方、嵐山公園にある周恩来の詩碑も、いたずらをされたことがある。

二十年ほど前までは、中国の学会にゆくと、まだ戦前に日本に留学をした学者たちが現役で活躍していた。私が父の話をすると、じつは私たちも、日本に留学して、日本文学を学んだというだけで、迫害を受けた時期がありました。なにせ、帝国大学に学んだという だけで、帝国主義の手先と言われたのですから。お父さんのことは同情しますが、私たちの仲間には、命を落とした者もいました。歴史というものは、恐いものですね、と語ってくれたことを思い出す。

さて、私が父に、「キリストと天皇と、どっちが偉いかと聞かれた時、どう答えたのか」と聞くと、父は、「天皇」と答えたという。父は、病床でこう言った。長いものにはまかれろだ、と。

古代の神と天皇

現存する最古の書物である『古事記』が、時の元明《げんめい》天皇に献上されたのが、西暦七一二年のこと。今から千三百年以上も前のことだ。国の史書である国史の編纂《へんさん》は、天武朝（六七三—六八六）よりはじまる。『古事記』も『日本書紀』も、天武朝よりはじまる史書編纂事業の成果の一つなのである。

今日、われわれは、史書といえば、その歴史的事実を書き連ねるものだと考えがちだが、そうではない。古代の史書は、神話から語り起こされて、国の起源を説明するものであった。もとより、史実と伝承を区別するというのは、近代歴史学以降のことであり、日本においては、たかだか百年の歴史しかない。

古代の史書に残された神話は、なぜ天皇といえども、その命は有限なのか。神と天皇はいかなる関係にあるのか。国土はどのように生まれたのか。人はなぜ生まれ、なぜ死ぬのか、ということを説明するものであった。つまり、起源を説明する役割を担っているのである。

もう一つ、誤解をしている人が多いので申し述べると、多神教における神は、一神教とはまったく異なる存在であると考えておいた方がよい。記紀の神々は、罪も犯せば、人も殺す。時には追放もされる。善悪も相対的なものだから、善神が悪神となり、悪神が善神となることもままある。今日、知らず知らずのうちに、私たちは、神といえば全知全能の神をイメージしてしまうが、そう考えてはならない。

では、古代において、神と天皇との関係は、どのようなものであったのか？　雄略天皇が、ある時、葛城《かつらぎ》山で狩りをした。その折のこと、向こうから、自分たちとまったく同じ装束で歩いて来る一団があるではないか。天皇と同じ装束を身に着けるのは、あきらかに不敬である。天皇は怒って、お前たちは何者か、と問うと、相手は、まるで天皇のようにふるまう。まるで鏡を見ているかのようだ。怒った雄略天皇は、その不敬のやからを成敗しようとするが、その前に、互いの名を名告《の》りあうことになった。相手方は、こう名告った。「我こそは、葛城一言主《ひとことぬし》の大神だ」と。すると天皇は、「たいへん無礼なことを申し上げました。私めは、「うつしおみ」でありますので、あなた様が神であることが、わからなかったのでございます」と言って、着衣をすべて脱いで、一言主大神に献上したという。神は、これを了とし、手を打って、その着物を受け取ったと書いてある。

ここでいう「うつしおみ」とは、神の姿を映した臣ということである。つまり、神のしもべという意味である。したがって、古代の天皇は、神のごとき人と讃《たた》えられることはあっても、神ではないということになる。つまり、人の側にある存在なのである。これが、記紀の語る神と天皇の関係なのである。この「うつしおみ」こそ、「うつせみ」の語源なのであって、神ならぬ人の身の弱さをいう時に使われる言葉なのである。

教師について

こんなことを書くと、差し障りもあると思うが、もう時効だと思うので書こう、と思う。私が大学生のころ、教師という仕事は、まるで人気がなかった。「でもしか教師」という言葉すらあった。「教師でもしようか」「教師しかできないやつ」といういわば蔑称だ。

教育実習に行き、授業をして職員室に戻ると、いきなり校長室に呼び出しがあって、「君を来年からわが校に雇いたいから、履歴書を書いて持って来てくれ」といわれる。「いいえ、私は教員採用試験を受けませんので……」というと、「まぁ、願書だけは出して、名前だけでも書いておきなさい。あとはなんとかするから」と校長。実際に、わが友人は、教員採用試験会場に行き、名前だけ書いて提出したところ、見事に合格で、翌年からその高校に採用された。校長に、友人がなぜ自分を採用したのかと尋ねたら、いい目をして授業をしていたからと答えたそうだ。男子の国語教員は、もともと人数が少なかったから、すぐに採用されたのだ。しかし、名前だけ書いて合格とは、いったいなんたることだ。私は、自分のゼミナールの卒業生たちが、教員採用試験に苦しんでいるのを見ると、隔世《かくせい》の感を禁じ得ない。

こんなことを書くと、自慢話に聞こえるかもしれないが、私の場合、教育実習が終わると、自分の指導教授に電話があって、あの学生を来年から雇いたいと話があったそうだ。指導教授は、私が大学院進学を希望していることを知っていたので、わざわざ東京から福岡まで断りに行ったという。ただし、この話を聞かされたのは、卒業後、数年してからだが。悪用すれば、ほとんど、縁故採用にもなりかねない状況も、かつてはあったのである。

まったくもって、公平性がなく、今日こういうことがあってはならないのはわかっているが、私は、最近、こういう採用のよい面もあるように思えてきた。教師という仕事は、やはり現場が第一で、長年教員をして来た校長が、これはと思う学生を一本釣りするのも、悪くはない、と思うからだ。つまり、現場の勘なのである。せっかく、難関の採用試験に合格しても、半年で辞める学生もいる。大学時代に、ほとんど勉強していなかったのに、今や校長になった友人もいる。だから、よい目で授業をしていたからという言葉も、それなりに説得力があるのである。

では、私が見ていて、教員として成功する学生は、どんな学生かというと、何かに熱中する一種のエネルギーのある学生である。その何かは、趣味でも、学問でもなんでもよく、時にはナンパの達人であってもよい。ようは、何かに熱中するエネルギーのようなものがある学生は、教員になったあとからも、折れないのである。

一方、学科はよくできるのに、ふとしたことからストレスを抱え込んでしまい、折れてしまう教師も多い。繊細さが裏目に出るのである。それにしても、名前だけ書いておきなさいとは、よく言ったものだ。

学問の東西

わが人生を振り返ると、故郷・福岡に住むこと十九年、学問修行は東京で十二年、奈良に赴任して二十年となる。私は、まごうことなき九州男児だが、最近は関西出身者だと思われることが多い。関西弁も板についてきたが、やはり偽物だ。

学問と一口にいっても、大学ごとに違いがあるし、料理のように関東風味もあれば、関西風味もある。古代史の場合、関東の学者は、まず権力構造に深い関心を寄せ、それを法体系で観察しようとする。つまり、法こそが国家であり、その時代を表すと考えるのである。したがって、中国の法規と日本の法規を比較し、そこから日中の違いを明らかにし、法の整備が国家の発展段階を表すと考える。だから、古代史の場合、法の制度の整備を『日本書紀』『続日本紀』の記述から探ろうとするのである。つまり、法と権力の古代史だ。

一方、関西の学者は、あくまでも実態を重視し、史料に表れていることがらから、その時々の状況を明らかにしようと考える。つまり、法は実態に沿ってあとから整備されるものであり、権力構造も時々刻々と変化するものだから、一方向に発展してゆくような単純なものではないと考えるのだ。だから、木簡などに記された当時の実態を重視する。

私なりにいうと、関東の発展論、関西の実態論ということになろうか。関東の学者は、関西の学風を細部にこだわるだけの体系性のないものだと思っているし、関西の学者は関東の学者の論を、観念的過ぎると批判する。

では、私の選考する万葉学はどうかというと、関東の学者は文学史を重視して、常にその万葉歌の文学史上の位置づけをしようと考える。対して、関西の学者は、どう読めるかという訓詁《くんこ》注釈こそ学問の基本であって、文学史などあとからどうとでもいえる、と思っている。つまり、関東の学者は、大局観を重視するのに対して、関西の学者は、一つ一つの歌の諸相を明らかにしようとする。

この違いはどこから来るのだろうか。東大と京大の違いか。私は、最近こう思うようになった。皇居があり、国会があって、霞が関の官庁街のある東京。いやが上にも権力と法を意識せざるを得ない。すると、東京の学者は、どうしても、支配や権力の構造に関心が向くのではなかろうか。対して、歩けば古墳があって、今でもその地域に大きな影響力を持つ神社仏閣のある関西。関西の学者は、常に、眼の前にあるものから、歴史を考えてゆくのである。

とある研究会でのこと。一生懸命古代の財政史について語っている関東の大学の大学院生に対して、関西の老大家がこんなことを言ったのを覚えている。「予算なんちゅうもんは、あとから、どうなとなるもんや。今かて、年度末に慌てて執行するやろ。そんな帳尻あわせをよく考えなはれ」と。この迫力こそ、関西の学者の恐いところなのである。

おわりに

書評というものは、特定の著書を評するとはいいながら、本を読んで書いたレポートでもある。したがって、それは、試験答案と同じで、本書の読者は、

□　基礎的学力（語法・文章）
□　論ずるための応用的学力（書評するために必要な周辺知識）
□　正しい読解をしているか
□　書評としての構想力
□　問題提起のインパクトの大きさ

などの点について、採点することができるのである。ということは、この二年間、私は二週間に一度、試験を受けていたことになる。その試験地獄から、読売読書委員の任期満了により、ようやく解放されたのである。

書評すべき本を検討する読書委員会は、和気あいあいのなかにも、時として激しい攻防戦があって、私にとっては気の抜けない時間であった。そこは、日本を代表する学者、小

説家、エッセイスト、ノンフィクション・ライター、評論家なので、その一言一言が、時に重く、時に軽妙、時に深遠で、わくわくする読書会なのである。今となっては、楽しい思い出だ。そうして、二次会はたいがい飲み会となるので、裏話、痴話のオンパレードとなる。ただ、そこは皆座談の名手で虚々実々のあやしげな世界であった。日本を代表する知識人と交流できたことは、著者一生の誉《ほまれ》であろう。

本書には、こうして二年間に書いた書評のほとんどを収載し、新たな書き下ろし数本を加え、脚注を施したのであるが、見ると、やはり採点結果が気になるところである。さらに、この間に新聞紙上に発表したエッセイも収載している。本書の姉妹となるべき著書としては『書淫日記』(ミネルヴァ書房、二〇一三年)があり、こちらは読書日記の形態を取るエッセイ集である。

こういう企画。もちろん、持ち込み、売り込み企画なのだが、私の思いを察して上梓してくれる奇特な出版社がなんと一社だけあった。笠間書院の橋本孝編集長と、実務に当たられた重光徹さんには、記して御礼の言葉を申し上げたい。思いのたけをぶちまける場を作っていただき、ありがとうございました。

なお、本書が手本とした本について、一言申し述べておきたい。本書は、講談社の名物編集者・大久保房男の著書『文藝編集者はかく考える』(紅書房、一九八八年)を手本とするものである。本歌取りというにはあまりに貧相な本であるが、肝胆相照らすところあって、拝借することとした。こちらは、編集者のいつわらざるホンネを書いた本だ。ご寛恕を乞う。

いつもながら、研究室において原稿整理の諸事万端を引き受けてくれた佐伯恵果、大場友加、西村潤、的場穂菜美さんには、御礼を申し上げたい。多謝、感謝。ありがたいことであった。

最後に、なぞかけを一つ。表紙をよーく見て下さい。よく見ると「古典不要論への反撃!?」が、「古典不要論。への反撃!?」と見えてきました。とある掛詞を想定すると、おもしろうてやがて悲しき書名と思えてきました。はて、その心は?

二〇一四年十一月一日

パリ東駅前の安ホテルにて　　著者しるす

初出一覧

＊「Ⅰ書物の劇場」は読売新聞掲載日、「Ⅱ古典教師の煩悶」は京都新聞掲載日を示す。

はじめに…（書き下ろし）

Ⅰ書物の劇場

1時代と人間

『万葉集と日本人――読み継がれる千二百年の歴史』小川靖彦…（二〇一四年六月二九日［日］掲載）
『女帝の古代日本』吉村武彦…（二〇一三年一月二七日［日］掲載）
『聖武天皇と紫香楽宮』栄原永遠男…（二〇一四年四月二七日［日］掲載）
『孝謙・称徳天皇』勝浦令子…（二〇一四年一一月九日［日］掲載）
『地方官人たちの古代史――律令国家を支えた人びと』中村順昭…（二〇一四年一二月一四日［日］掲載）
『古代豪族と武士の誕生』森公章…（二〇一三年二月一七日［日］掲載）
『宣教使　堀秀成――だれも書かなかった明治』錦仁…（二〇一三年三月三一日［日］掲載）
『お伊勢参り――江戸庶民の旅と信心』鎌田道隆…（二〇一三年四月一四日［日］掲載）
『金沢庄三郎――地と民と語とは相分つべからず』石川遼子…（二〇一四年九月二八日［日］掲載）
『ある老学徒の手記』鳥居龍蔵…（二〇一三年五月一二日［日］掲載）

『田中角栄――戦後日本の悲しき自画像』早野透…（二〇一三年一月二〇日［日］掲載）
『角栄のお庭番　朝賀昭』中澤雄大…（二〇一四年二月一六日［日］掲載）
『上岡龍太郎　話芸一代』戸田学…（二〇一四年一月五日［日］掲載）
『勘三郎伝説』関容子…（二〇一四年二月二日［日］掲載）

2人間と文学

『杜甫』川合康三…（二〇一三年二月三日［日］掲載）
『阿蘭陀西鶴』朝井まかて…（二〇一四年一〇月一二日［日］掲載）
『本居宣長――文学と思想の巨人』田中康二…（二〇一四年一〇月五日［日］掲載）
『慶喜のカリスマ』野口武彦…（二〇一三年七月二一日［日］掲載）
『個人完訳　小泉八雲コレクション　骨董・怪談』小泉八雲・平川祐弘…（二〇一四年七月二七日［日］掲載）
『夏目漱石周辺人物事典』原武哲・石田忠彦・海老井英次…（書き下ろし）
『夢想と身体の人間博物誌――綺想と現実の東洋』張競…（二〇一四年一〇月一九日［日］掲載）
『前登志夫　全歌集』前登志夫…（二〇一三年九月二九日［日］掲載）
『オレがマリオ』俵万智…（二〇一四年二月九日［日］掲載）
『村上春樹で世界を読む』重里徹也・三輪太郎…（二〇一三年一〇月二七日［日］掲載）
『東映ゲリラ戦記』鈴木則文…（二〇一四年三月二日［日］掲載）
『「ＡＶ男優」という職業――セックス・サイボーグたちの真実』水野スミレ…（書き下ろし）

『とこしえのお嬢さん――記憶のなかの人』野見山暁治…（二〇一四年一一月三〇日［日］掲載）
『大学教授がガンになってわかったこと』山口仲美…（二〇一四年六月八日［日］掲載）

3文学と文化

『新釈漢文大系』…（二〇一四年七月六日［日］掲載）
『気ままに漢詩キブン』足立幸代・三上英司…（二〇一四年五月一一日［日］掲載）
『コレクション日本歌人選』和歌文学会…（二〇一三年三月三日［日］掲載）
『万葉語誌』多田一臣…（二〇一四年一一月二三日［日］掲載）
『日本全国　万葉の旅　大和編』坂本信幸・村田右富実・牧野貞之…（二〇一四年一二月七日［日］掲載）
『桜は本当に美しいのか――欲望が生んだ文化装置』水原紫苑…（二〇一四年四月一三日［日］掲載）
『引き算思考の日本文化――物語に映ったこころを読む』橋本雅之…（二〇一四年八月三日［日］掲載）
『史書を読む』坂本太郎…（二〇一三年一二月一日［日］掲載）
『本当はひどかった昔の日本――古典文学で知るしたたかな日本人』大塚ひかり…（二〇一四年三月九日［日］掲載）
『異端の皇女と女房歌人――式子内親王たちの新古今集』田渕句美子…（二〇一四年三月三〇日［日］掲載）
『熊野、魂の系譜――歌びとたちに描かれた熊野』谷口智行…（二〇一四年三月一六日［日］掲載）
『能を読む①　翁と観阿弥――能の誕生』『能を読む②　世阿弥――神と修羅と恋』『能を読む③　元雅と禅竹――夢と死とエロス』『能を読む④　信光と世阿弥以後――異類とスペクタクル』梅原猛・観世清和…（二〇一三年六月九日［日］掲載）

『洋楽渡来考再論――箏とキリシタンとの出会い』皆川達夫…（二〇一四年四月六日［日］掲載）
『林羅山――書を読みて未だ倦まず』鈴木健一…（二〇一二年一月一三日［日］掲載）
『増補新版　村落伝承論――『遠野物語』から』三浦佑之…（二〇一四年九月一四日［日］掲載）
『大正天皇漢詩集』石川忠久…（二〇一四年七月一三日［日］掲載）
『おいしそうな草』蜂飼耳…（二〇一四年五月一八日［日］掲載）
『フランス文学と愛』野崎歓…（二〇一四年一月一九日［日］掲載）
『本よむ幸せ』福原義春…（書き下ろし）

4 文化と時代

『倭国のなりたち』木下正史…（二〇一三年九月一五日［日］掲載）
『渡来の古代史――国のかたちをつくったのは誰か』上田正昭…（二〇一三年九月一日［日］掲載）
『出雲大社――日本の神祭りの源流』千家和比古・松本岩雄◆『神の島　沖ノ島』藤原新也・安部龍太郎…（二〇一三年七月七日［日］掲載）
『日本の恋の歌――貴公子たちの恋』『日本の恋の歌――恋する黒髪』馬場あき子…（二〇一三年五月二六日［日］掲載）
『唐物の文化史――舶来品からみた日本』河添房江…（二〇一四年六月一五日［日］掲載）
『うた恋い。和歌撰　恋いのうた。』渡部泰明・杉田圭…（二〇一三年六月二三日［日］掲載）
『日本仏教の社会倫理――「正法」理念から考える』島薗進…（二〇一三年一一月一七日［日］掲載）
『文楽へようこそ』桐竹勘十郎・吉田玉女…（二〇一四年六月一日［日］掲載）

『昭和の貌――《あの頃》を撮る』麦島勝・前山光則…（二〇一三年一一月三日［日］掲載）
『東京大学の学術遺産　捃拾帖』モリナガ・ヨウ…（二〇一四年八月一七日［日］掲載）
『民俗と民藝』前田英樹…（二〇一三年七月二八日［日］掲載）
『「二〇世紀民俗学」を乗り越える』福田アジオ・菅豊・塚原伸治…（二〇一三年三月一七日［日］掲載）
『笑いの花伝書』滝大作…（二〇一三年一〇月六日［日］掲載）

Ⅱ古典教師の煩悶
試験の季節に…（二〇一四年二月二四日［月］夕刊掲載）
急所は何か？…（二〇一四年五月一三日［火］夕刊掲載）
阿倍仲麻呂…（二〇一三年七月五日［金］夕刊掲載）
古代の神と天皇…（二〇一三年九月二日［月］夕刊掲載）
教師について…（二〇一三年一一月六日［水］夕刊掲載）
学問の東西…（二〇一四年一月二〇日［月］夕刊掲載）

おわりに…書き下ろし

書評　編著者名索引

書名索引

古典不要論への反撃!?　書評劇場

著者

上野 誠

（うえの・まこと）


1960年、福岡生まれ。

国学院大学大学院文学研究科博士課程満期退学。

博士（文学）。奈良大学文学部教授。

国際日本文化研究センター客員教授。

第12回日本民俗学会研究奨励賞、第15回上代文学会賞、
第7回角川財団学芸賞受賞。

『古代日本の文芸空間』（雄山閣出版）、『万葉体感紀行』（小学館）、『大和三山の古代』（講談社現代新書）、『魂の古代学——問いつづける折口信夫』（新潮選書）、『万葉挽歌のこころ——夢と死の古代学』（角川学芸出版）、『日本人にとって聖なるものとは何か——神と自然の古代学』（中公新書）など著書多数。

万葉文化論の立場から、歴史学・民俗学・考古学などの研究を応用した『万葉集』の新しい読み方を提案。近年執筆したオペラの脚本も好評を博している。


平成27（2015）年4月20日　初版第1刷発行

ISBN978-4-305-70772-7 C0095

発行者

池田圭子

発行所

〒101-0064

東京都千代田区猿楽町2-2-3

笠間書院

電話03-3295-1331 Fax 03-3294-0996

web :http://kasamashoin.jp/

mail:info@kasamashoin.co.jp

装丁 笠間書院装幀室

印刷・製本 モリモト印刷